Une vie à soi

Du même auteur

Comme un père, Arléa, 2002 ; Points, 2008 (prix des libraires Leclerc).

Le Jugement de Léa, Arléa, 2004 ; Points, 2007.

Puisque rien ne dure, Stock, 2006 ; Le Livre de poche, 2008 (prix « Le Prince Maurice du roman d'amour », prix Alain-Fournier).

Rêve d'amour, Stock, 2008 ; Le Livre de poche, 2009.

Un temps fou, Stock, 2009 ; Le Livre de poche, 2010.

À l'abandon (nouvelle), Naïve, 2009.

La Confusion des peines, Stock, 2011 ; Le Livre de poche, 2013.

L'Écriture et la vie, éditions des Busclats, 2014.

Laurence Tardieu

Une vie à soi

Flammarion

ISBN : 978-2-0813-3055-9

— Écoute, Anna, si nous ne croyons pas à la possibilité d'aboutissement de ce que nous écrivons dans nos carnets, alors il n'existe plus aucun espoir pour nous. Nous serons sauvés par ce que nous écrirons sérieusement dans nos carnets.

— Il faut que nous croyions à nos projets ?

— Il faut que nous croyions à nos beaux projets impossibles.

DORIS LESSING, *Le Carnet d'or*

I

J'ai neuf ans. C'est la fin de l'année scolaire. J'ai été malade et alitée pendant près de deux mois. Pendant près de deux mois je suis restée enfermée dans ma chambre. Ma mère fermait les volets l'après-midi pour que je ne souffre pas de la chaleur. Pendant près de deux mois j'ai vécu en dehors du monde.

C'est la première fois que je sors de nouveau. C'est le mois de juin. Il fait très chaud.

Aujourd'hui encore, je me souviens combien il fait chaud.

J'ai choisi des vêtements de couleurs très claires. Je ne sais plus si c'est du blanc, du rose pâle. Mais je me souviens du très clair glissant sur ma peau blanche.

Je suis avec ma mère. Nous marchons lentement dans les rues du XVIe arrondissement, aux larges trottoirs bordés de marronniers.

Dès les premiers pas, ça me prend à la gorge : je sens la texture de l'air, et son odeur. L'air qui enveloppe tout mon corps, qui pèse sur lui. Mon corps ploie sous la sensation physique. Je suffoque. L'odeur me saisit tout entière. Je ne savais pas que l'air avait une odeur. Que l'air de Paris au mois de juin avait cette odeur : âcre, forte, chaude, entêtante. J'avance aux côtés de ma mère, je ne parle pas, je découvre l'odeur de l'air. Je suis dans l'odeur. Je jouis de cette odeur. Je jouis de mon corps si longtemps absent qui ce matin, dans la chaleur de l'été, encore très faible, se redéploie dans les rues de Paris.

Je ne savais pas, auparavant, le bonheur que c'était de sentir l'air sur son corps.

Je ne savais pas le bonheur que c'était de marcher très doucement sur les trottoirs bordés de marronniers.

Le bonheur douloureux d'être à nouveau là, alors que pendant plusieurs semaines longues comme une nuit compacte tout s'était éteint.

Je marche très lentement à côté de ma mère. Son grand corps solide à côté du mien. Son grand corps éternel.

Aujourd'hui, plus de trente ans après, je me souviens de notre lenteur. Nos deux corps côte à côte dans la chaleur de l'été.

Nous marchons très lentement dans les rues de Paris qui sentent si fort. Un pas après l'autre, nous marchons si lentement. C'est très lent, cela n'a pas de fin.

C'est très lent, je m'enfonce dans la lenteur.

Je bascule.

Je ne savais pas, auparavant, la joie que c'était d'être vivant.

Une joie si violente qu'elle crée en moi une morsure douloureuse.

Je ne le savais pas.

Je ne savais pas que j'aimais tant être en vie.

Moi qui ne retourne plus dans les rues bordées de marronniers du XVIe arrondissement sans un violent sentiment de nausée, combien de fois me suis-je agrippée à l'image de cette petite fille habillée de couleurs pâles marchant ce matin-là avenue Paul-Doumer. Combien de fois m'y suis-je abreuvée. De tous mes souvenirs liés à ce quartier de mon enfance, c'est le seul que je cherche et rechercherai sans fin.

J'ai découvert Diane Arbus un dimanche d'automne 2011. Ce jour-là elle est entrée dans ma vie, la percutant de sa lumière crue alors même qu'il me semblait, moi, errer dans ma nuit. J'étais seule, sans enfants, et je m'étais dirigée vers le musée du Jeu de paume parce que je n'avais rien à faire et qu'une vague envie m'avait prise de marcher dans les jardins des Tuileries. Depuis des mois, je me sentais enserrée dans un effroi et une souffrance intenses que je ne parvenais à dire à personne. J'essayais de me retenir à tout ce qui tenait, mais rien ne tenait, plus rien ne tenait. Tout s'effritait sous mes doigts.

C'était une des dernières magnifiques journées d'automne. La lumière était rasante, dorée, il faisait encore doux. J'ai marché lentement dans les allées. Je regardais les arbres, les feuillages traversés par la lumière. Je me souviens avoir éprouvé un sentiment de stupeur : là, soudain, dans ce jardin, j'entrevoyais la beauté et l'harmonie, la douceur, l'inverse exact de ce que je vivais depuis des semaines ; mais, à l'instant où je les percevais, je ressentais aussi que je ne pouvais les garder en moi – elles m'échappaient. J'étais une sorte de figurine qui traversait les jardins des Tuileries, qui regardait les arbres, la lumière, les visages, les enfants, mais une figurine extérieure à tout ça. J'avais perdu tout sentiment d'appartenance. J'ai eu la sensation calme et effrayante d'être en train de glisser de l'autre côté de quelque chose, d'être en train de mourir.

J'ai aperçu la file d'attente pour l'entrée du musée du Jeu de paume. Je n'étais plus retournée dans ce musée depuis mon enfance, avec mes parents qui, souvent le week-end, nous emmenaient voir des expositions. Je me suis rappelée avoir aperçu dans le métro les jours précédents plusieurs affiches de l'exposition : la reproduction de la photo des *Jumelles identiques*, et celle du *Jeune homme en bigoudis*. Je ne connaissais alors rien à la photographie, encore moins à Diane Arbus : jamais aucune photo n'avait provoqué en moi la moindre émotion durable. La photographie avait toujours glissé sur moi sans y laisser d'empreinte.

Si j'ai décidé d'aller voir cette exposition ce jour-là, c'est parce que j'ai eu envie de retourner dans ce musée, après tant d'années.

À quoi ma rencontre avec Diane Arbus a-t-elle tenu ? À rien, à la lumière et à la solitude de ce jour d'automne, au souvenir du musée du Jeu de paume avec mes parents. À rien. J'en ai, rétrospectivement, le vertige. Car il y a des rencontres qui sauvent. Elles vous saisissent au corps, elles vous soulèvent du sol auquel vous êtes englué, elles vous font passer de la nuit à la lumière.

Ça a commencé là, au musée du Jeu de paume, un dimanche d'octobre 2011.

J'ai découvert, dans les deux premières salles, les photographies en noir et blanc de Diane Arbus.

J'ai découvert, dans la dernière salle consacrée à des éléments biographiques, ce qu'avait été sa vie.

Devant les photographies, j'ai senti, alors que je passais devant chacune d'entre elles, quelque chose en moi se serrer. Se serrer, se serrer, se serrer, se serrer, de plus en plus fort, jusqu'à m'atteindre, en plein ventre.

Dans la dernière salle, je me suis sentie dans un premier temps comme giflée. Puis, quelque chose au-dedans de moi s'est lentement effondré.

Si j'essaie de reconstituer la suite, c'est toujours la même image qui me vient : je suis à nouveau dans les jardins des Tuileries, mais tout a changé par rapport au moment où j'ai décidé d'entrer dans le musée : les allées des jardins sont désertes, la lumière dorée a disparu, le soir est tombé. Et j'avance, hébétée, dans les allées : il vient de se passer quelque chose. Quoi, je ne le sais pas encore. Je ne sais pas si ce qui m'a saisie tout entière est de l'ordre de la clarté ou de l'obscurité. Je ne peux pas *penser*. J'avance dans les allées et je songe à cette sensation que j'éprouve souvent, depuis quelque temps : je mets ma main sous l'eau et, pendant quelques brefs instants, je ne sais pas si l'eau est glacée ou brûlante.

J'ai voulu tout savoir d'elle.

Elle, morte, qui m'avait empoignée, moi, vivante.

Elle, si vivante qu'elle m'avait empoignée, alors que je sombrais.

J'ai commencé à faire des recherches sur Internet, à récupérer des coupures de journaux. L'exposition au musée du Jeu de paume était un succès et on pouvait lire pas mal de choses au sujet de Diane Arbus dans la presse et sur Internet. J'ai acheté deux livres rassemblant un grand nombre de ses photographies ainsi que celui intitulé *Diane Arbus, Une chronologie,* qui retraçait les éléments factuels de sa vie et comportait des fragments de lettres, de notes, de rêves, écrits par elle.

Un soir, je me suis assise sur le canapé noir de mon salon et je me suis plongée dans les livres. Je tournais lentement les pages. J'ai découvert que Diane Arbus est née en 1923 dans une famille de la riche bourgeoisie juive new-yorkaise. Elle et son frère habitent, enfants, dans un appartement de quatorze pièces dans le quartier très huppé de Central Park Ouest. À leurs côtés, des domestiques, une gouvernante. La mère est là, mais ce n'est pas elle qui s'occupe des enfants. Elle est là sans être là. Sa présence ressemble à une absence

À la maison, il y a de l'argent, de l'espace. Sur le papier, tout est parfait – Famille « privilégiée ». Bien plus tard, Diane dira qu'elle se souvient d'avoir été une enfant très grognon. Elle avait souvent chaud et se sentait très fatiguée. Elle pleurait, appelait, criait.

Elle évoquera aussi, quelques semaines avant sa mort, son enfance, mettant des mots sur ce qui la faisait alors souffrir : l'absence totale de toute sensation d'adversité. « J'étais enfermée dans un climat d'irréalité qui pour moi n'était pas autre chose que l'irréalité. Et ce sentiment d'immunité était, aussi ridicule que cela puisse paraître, douloureux. Pendant longtemps, c'était comme si je n'avais pas hérité de mon propre royaume*. »

J'ai lu ces mots. Je n'ai pas pu poursuivre ma lecture.

Pendant longtemps, c'était comme si je n'avais pas hérité de mon propre royaume. J'étais enfermée dans un climat d'irréalité qui pour moi n'était pas autre chose que l'irréalité.

---

* Les références des citations se trouvent en fin d'ouvrage, p. 189.

J'ai lu et relu ces mots. Très vite, ils n'ont plus sonné dans ma tête : ils sonnaient ailleurs en moi, d'un endroit que je ne connaissais plus.

D'un endroit qui m'ouvrait le ventre.

D'un endroit qui me fendait en deux.

J'ai été fendue en deux.

Oh c'était soudain là, ça revenait, tout revenait : le grand appartement parisien du très riche et conventionnel XVIe arrondissement dans lequel nous avons habité des années, mes parents, ma sœur, mon frère et moi. L'immense entrée, presque vide. Le salon aux rideaux jaunes en soie. La salle à manger vert sombre. Le long couloir qui menait à la cuisine.

J'étais enfermée dans un climat d'irréalité.

J'étais assise sur le canapé noir de mon salon, j'étais assise exactement comme j'étais assise sur ce canapé une heure plus tôt, je n'avais pas bougé, rien n'avait bougé, mais à l'intérieur de moi les digues avaient rompu : mon enfance remontait en moi, éclatait.

J'étais enfermée dans un climat d'irréalité.

Quelque chose du plus profond de mon enfance.

J'étais enfermée dans un climat d'irréalité.

Quelque chose du plus profond de l'enfant que j'avais été.

J'étais enfermée dans un climat d'irréalité.

L'enfant qui restait des heures dans sa chambre.

L'enfant dans sa chambre.

Oui, c'est ma chambre que j'ai revue d'abord. C'est elle qui était là, intacte, comme surgie d'un rêve. Ma chambre. Mon territoire, mon refuge.

Ma chambre blanche revêtue d'un papier peint rose avec des cygnes. Elle est tout au bout de l'appartement. C'est la dernière pièce. Elle n'est pas très grande. Lorsqu'on entre, le lit se trouve le long du mur de gauche. C'est un lit à roulettes. Lorsque je suis allongée dans mon lit, il suffit que je donne un léger coup de pied contre le mur pour que le lit roule et se mette en travers de la chambre. Je suis alors sur un bateau, en pleine mer. Entre le lit et la fenêtre, une penderie blanche encastrée dans le mur, dans laquelle sont rangés mes vêtements. En face, contre le mur opposé, le secrétaire provençal en bois lisse et sombre qui me vient de mes grands-parents paternels. Le battant de devant s'ouvre et se ferme comme une grosse coquille, j'aime l'ouvrir et le fermer. J'y range à l'intérieur, dans un des tiroirs que je ferme à clé, mon journal. La fenêtre donne sur un petit balcon. Le soir, je ferme les volets et je respire le rosier aux fleurs blanches que ma mère m'a offert et qui chaque année grandit. J'aime beaucoup respirer mon rosier qui sent si bon lorsque les roses sont écloses. Le moment où je ferme mes volets et respire mon rosier est le seul moment où j'ouvre ma fenêtre. Le reste du temps, je le passe dans ma chambre la fenêtre close. Je ferme la porte. Les murs de ma chambre referment l'espace autour de moi. Les murs de ma chambre me protègent. Les murs de ma chambre m'empêchent d'éclater en mille morceaux. Dans ma chambre, tout est très silencieux. Je joue à la poupée, j'écris dans mon journal. Je suis assise par terre sur le petit tapis blanc et rose qui recouvre le parquet. C'est très doux sous mes jambes. Assise par terre, je suis calme. Assise par terre, le grondement de peur que j'éprouve en dehors de ma chambre, le grondement qui rôde sans cesse et parfois entre à l'intérieur de moi, s'éloigne : il suffit que je me recroqueville sur mon petit tapis pour que la peur glisse à terre, et rien ne peut m'arriver. Assise par terre dans ma chambre, je suis en un seul morceau. Assise par terre dans ma chambre, je suis la même que moi.

Il y a peu de temps, après avoir lu mon dernier livre, mon père m'a dit : Je ne sais pas si tu te rappelles, petite, tu restais des heures dans ta chambre. Ta mère et moi étions très inquiets.

Je me suis soudain souvenue de cette phrase. Je me suis soudain souvenue que sur le moment, je ne l'avais pas comprise : il y avait eu un blanc dans ma tête, un vide, j'avais regardé mon père et je n'avais rien répondu. Cela faisait si longtemps que j'avais perdu la chambre de mon enfance.

J'étais enfermée dans un climat d'irréalité.

Tout a continué à se fendre en moi.

À s'ouvrir.

À s'ouvrir comme s'il n'y avait plus de fond, et que je tombais dans ce qui s'ouvrait.

Il y a ma chambre et, de l'autre côté de ma chambre, le reste du monde. On me dit que je suis une enfant agitée, colérique. On me donne du magnésium pour tenter de me calmer. On m'habille avec des cols ronds et des jupes en kilt écossais dont le pan de devant est retenu par une large épingle à nourrice et je n'ose pas dire combien je me sens gauche, je n'ose pas dire combien je déteste l'épingle à nourrice et le vert sombre de ces jupes, je vais à l'école privée religieuse près de chez moi et je m'arrange pour être une excellente élève parfaitement docile, les professeurs en fin d'année louent mon sourire constant et chaque fois cela m'étonne, chaque fois je me demande de quel sourire ils parlent, au-dedans de moi je m'applique de toutes mes forces et j'utilise toute mon énergie à chasser la peur, je fais du piano, de la danse classique, du tennis, de la gymnastique, je vais au catéchisme et fais ma première communion et ma profession de foi, je porte une médaille en or que je n'enlève jamais, partout et en tout point je m'efforce de faire exactement ce qu'on attend de moi, je me coule, je me glisse, j'observe puis j'exécute, mais parfois soudain ça dérape, ça me prend et je me mets à hurler à la maison, à hurler, hurler, je hurle dans le long couloir qui mène à la cuisine, je hurle dans le salon, je hurle dans la bibliothèque, je hurle et on me gronde, on me demande de réprimer mes impulsions dont on me dit qu'elles peuvent être très dangereuses, on me dit que ce sont les fous qui hurlent et je ne dois pas devenir folle, je dois me tenir, être une enfant sage, est-ce que je comprends, oui, je comprends et je me traîne jusqu'à ma chambre, je referme la porte et les hurlements retombent, je reste la tête vide et le corps las enfermée dans ma chambre, je ne hurle plus, j'ai très peur de devenir folle, je me demande si on sait qu'on est devenu fou une fois qu'on l'est devenu, j'ouvre le placard secret derrière mon lit et j'en ressors un petit coffret rouge et blanc avec tout un tas de trésors à l'intérieur, je reste sur mon tapis doux à jouer avec mes trésors et je me calme peu à peu, je m'allonge sur mon petit tapis et je ferme les yeux, je suis très fatiguée tout à coup.

Dans ma chambre, j'invente des histoires que je me raconte très doucement. Ce que j'invente existe, ce que j'invente me fait battre le cœur. Personne ne peut m'entendre et je parle, je parle, je parle. Le monde dans lequel je voyage est vaste et léger. Je ne m'y perds pas. Dans ce monde-là, je suis une enfant courageuse, drôle, intrépide. Dans ce monde-là, je n'ai pas peur, j'ai une énergie féroce, je sais ce que je fais. Dans ce monde-là, je vois clair. Lorsque j'ai fini mon histoire, je me sens forte, je me sens joyeuse. Je n'ai peur de rien. Je gambade dans ma chambre, je fais des petits sauts, je rigole toute seule. De l'autre côté de ma chambre, au-dehors, je parle peu. Ma mère s'en désole. Elle me dit que je dois parler, je dois raconter. Raconter quoi ? je demande. Je ne sais pas quoi dire. Le dedans et le dehors de ma chambre sont deux mondes que je ne peux faire se rejoindre. Lorsque je suis avec ma mère, ce que je voudrais dire est tapi tout au fond de moi. Ce que je voudrais dire est trop loin. Je le sens, mais je ne peux pas y accéder. C'est de l'autre côté. Je ne sais y aller qu'en silence, dans le silence de ma chambre. Je n'ose pas le dire à ma mère, je ne sais pas comment le lui dire. Alors, parfois, je me force à parler. Je fais semblant. Ce que je raconte n'est pas ce qui vit en moi. Ce que je raconte est à côté de moi. Ce que je raconte n'a aucune importance. Je n'ai pas l'impression qu'on s'en aperçoive.

Chaque jour, j'obéis, je fais ce qu'on me dit de faire, mais je ne comprends pas pourquoi je fais. Je fais, mais il n'y a pas de *sens* à ce que je fasse. Je fais, mais je n'éprouve aucun désir. Je m'applique. J'exécute. Non, il n'y a pas de sens : je ne marche après rien, je ne cours après rien, je ne vis après rien. Je suis comme une aveugle qui croit marcher les bras tendus vers l'avant, et tourne sur elle. Je tourne sans cesse, je tourne en rond, je tourne dans le vide.

Nous vivons dans un monde qui ressemble à un décor parfait, un monde sans aspérité, un monde sans heurts. Mes parents jamais ne se disputent et je n'ai pas idée que les disputes entre parents existent, mes parents jamais n'ont le moindre souci d'argent et je n'ai pas idée que les problèmes d'argent existent, qu'on puisse manquer d'argent, qu'on puisse ne pas savoir comment finir le mois, tout ça n'existe que dans les livres, ou bien très loin peut-être, immensément loin, si loin que c'en est ailleurs, sur une autre planète, une femme de ménage vient plusieurs fois par semaine et l'appartement est toujours impeccablement tenu, rien ne traîne jamais nulle part, nos draps sont chaque semaine changés et impeccablement repassés, le parquet ciré, l'argenterie lustrée, parfois mes parents reçoivent à dîner des invités « importants » et ces soirs-là la femme de ménage ainsi qu'une autre femme que je ne connais pas sont de service et revêtent de petits tabliers blancs brodés qui me fascinent, lorsqu'elle invite des amis pour le déjeuner ma mère sert le café dans le salon dans des tasses anciennes en porcelaine si délicate que j'ai peur de les briser rien qu'en les regardant, tous les jours dans la salle à manger la coupe en cristal est remplie de fruits différents, tous les dimanches en fin d'après-midi mon père et ma mère écoutent de l'opéra dans la bibliothèque attenante au salon, chaque hiver et chaque été nous partons en vacances dans des stations suisses, et les jours se passent et se passent et se passent ainsi, parfaits et irréels.

Je sens bien que je vis comme en suspension : je flotte. Quoi que je fasse, je ne me heurte à rien, comme si rien de réel n'existait autour de moi. J'aimerais me *cogner* aux choses. Mais où donc est le réel ? Où donc sont les choses ? Je vis dans de la ouate, je la sens, mais je ne le sais pas. Je traverse mon enfance comme on traverse une immense nappe de brouillard, dans une frayeur silencieuse. La phrase que je prononce le plus souvent est : « Je m'ennuie. » Autour de moi, lorsque je prononce cette phrase, on rit. Mais je ne sais pas comment dire les choses autrement. Je ne me heurte à rien. Je n'ai prise sur rien. Mon corps grandit, j'ai six ans, dix ans, douze ans, mais je ne suis pas encore venue au monde. Rien ne procède de mes propres désirs, de ma propre quête. Je suis en dehors, mais je ne sais pas que je suis en dehors. Je n'ai moi non plus pas hérité de mon propre royaume.

Comment passer du dehors au dedans, lorsqu'on ne sait pas qu'on est en dehors ?

Pendant la nuit qui a suivi, j'ai été obsédée par la vision de deux enfants courant l'un derrière l'autre sur un parquet. Les deux enfants se poursuivaient et couraient, les bras levés, et j'ignorais s'il s'agissait de Diane et de son frère Howard dans leur appartement de Central Park Ouest, ou de mon frère et moi glissant sur le parquet de l'immense entrée de l'appartement familial. Je voyais les enfants de dos, je ne pouvais pas distinguer leurs visages, tout était très flou, ils passaient et repassaient derrière mes paupières et je ne savais pas si je dormais ou non, si je les rêvais ou les imaginais. Les deux enfants couraient, ils couraient en rond, et ça n'avait pas de fin. Ça m'épuisait, j'avais moi-même la sensation de tourner, de tourner sans cesse, j'aurais voulu chasser les images, j'aurais voulu que la ronde s'arrête, et dans le même temps je luttais pour distinguer les visages, je voulais que les enfants se retournent, je voulais les voir enfin, je voulais retrouver mon frère, mon petit frère dont les cheveux, enfant, formaient des bouclettes, je voulais le prendre dans mes bras et lui dire d'interrompre sa course folle, je voulais lui dire que ça ne servait à rien, ça ne servirait à rien de courir ainsi, de courir sans fin, comme j'aurais voulu attraper Diane Arbus et m'attraper moi-même, m'attraper enfin. Tout se brouillait, s'entrelaçait, se confondait. Où étais-je dans ces images, moi l'enfant revenue des limbes ? Au petit matin j'étais exténuée, la ronde avait duré, me semblait-il, toute la nuit.

Le lendemain, j'ai regardé les photos de Diane Arbus petite fille, qui figurent dans l'album américain *Revelations*. Sur l'une, elle marche aux côtés de sa mère, au Touquet, arborant un sourire sur lequel on devine un mélange de fierté et de crainte. Sans doute est-elle fière d'être ce jour-là aux côtés de sa mère, cette grande dame si élégamment vêtue. Je regarde Diane, habillée comme une parfaite petite poupée de porcelaine, portant un chapeau de soleil orné d'un ruban, tenant la main de sa mère. Et, très vite, comme si la photo avait brusquement été détrempée, laissant apparaître son négatif, l'envers du décor, derrière le sourire et le chapeau de la petite Diane j'ai vu le souci de perfection et l'effroi qui l'accompagne, j'ai vu la solitude. J'ai senti, comme si elle m'enveloppait moi-même, la nappe de brouillard qui enveloppe la petite fille, la sensation d'apesanteur, d'irréalité. J'ai entendu la grogne. Les pleurs. Et Diane était soudain tout près, si près. Elle était là, je l'ai vue, la petite Diane, habillée par la gouvernante, tirée à quatre épingles, passant d'une pièce à l'autre dans l'appartement feutré et silencieux de Central Park Ouest, cherchant sans la trouver sa mère. Tu cours, petite Diane, tu cours dans le grand appartement. Tu vas voir dans la pièce d'à côté si ta mère y est. Si elle t'attend pour jouer avec toi, pour te lire une histoire. Elle n'y est pas. Alors tu sors de la pièce et tu cours encore plus vite, tu cours à toute berzingue. Tout est si grand et vide. Tout est si impeccable. Partout, tout est si impeccable. Si parfaitement à sa place. Rien ne traîne. Rien ne dépasse. Aucun désordre. Tu cours encore, tu cours. Tu te prends les pieds dans les lourds rideaux en velours et soie, la gouvernante te réprimande, tu cries, tu cherches la sortie, tu claques les portes, tu pleures, tu tapes des pieds, un peu de bruit, un peu d'agitation, tu fais comme tu peux, petite Diane, pour faire tomber le décor. Mais est-ce toi, petite Diane ? Est-ce toi ou est-ce moi qui cours, qui cours sans fin dans l'immense appartement du Trocadéro ? Qui passe une tête dans le salon pour voir si ma mère y est, peut-être lit-elle, peut-être est-elle assise au piano, en train de jouer ? Mais non elle n'y est pas, elle est peut-être dans sa chambre, mais je ne vais jamais dans sa chambre, je n'ose pas aller dans la chambre de mes parents, la chambre de mes parents est un territoire infranchissable, la chambre de mes parents est un territoire interdit, alors je cours encore, je cours dans le grand appartement impeccable si parfaitement rangé, le grand appartement où rien ne dépasse, et ma mère n'est nulle part, et c'est Susie, la jeune fille au pair suisse-allemande qui s'occupe de nous et que j'aime beaucoup qui m'interpelle, qui me demande ce que je fais, qui me dit que je ne dois pas faire de bruit, mon petit frère dort, et moi aussi je devrais faire la sieste, mais je n'écoute pas Susie, je ne veux pas écouter Susie, et c'est moi qui claque les portes, c'est moi qui pleure, c'est moi qui trébuche sur le grand tapis du salon, qui tape des pieds, moi aussi je cherche la sortie du décor. Mais comment passer de la nappe de brouillard au réel ? Du figé à la vraie vie ? Quel toboggan magique ? Quelle descente rapide ?

Sur une autre photo, tu te tiens debout aux côtés de ton frère Howard. Vous vous donnez la main. Vous semblez deux gravures de mode. Tu portes une longue blouse brodée, élégante, et des bottes lacées. Tu as les cheveux mi-longs et un visage de parfaite petite fille modèle. C'est ton regard à nouveau qui me frappe, ton regard craintif, soumis, tandis que celui de ton frère me paraît fier et rempli d'assurance.

Ton regard, qui m'attrape et ne me lâche plus.

Ton regard, qui vient se nicher au plus profond de moi.

Qui vient s'y tapir, blottir, comme s'il était chez lui.

Lorsque nous avons vidé l'appartement de mon enfance, après la mort de ma mère, j'ai gardé quelques photos. Elles m'ont suivie au gré de mes déménagements et je les conserve aujourd'hui dans un tiroir que je n'ai pas rouvert depuis que je les y ai entreposées. J'ai eu soudain violemment envie, ce matin-là, d'ouvrir le tiroir : les photographies gisaient pêle-mêle, ni rangées, ni classées. J'ai mis la main sur l'une d'elles que j'avais conservée dans son cadre d'origine, et qui était restée des années sur une des étagères de la bibliothèque familiale. Je dois avoir six ou sept ans. Je porte une robe rose et blanche élégante, à volants et col froncé. Sur ma poitrine, la médaille en or que je n'enlevais jamais. Un nœud blanc dans mes cheveux coupés au carré. Je souris. J'ai les mains sagement repliées sur le devant de mes cuisses. J'ai un air angélique, un air de petite fille modèle.

Je regarde longuement la photo. Je regarde longuement l'expression de mes yeux. Et ce qui vient se nicher au plus profond de moi, ce qui vient s'y tapir, s'y blottir, comme s'il retrouvait son écrin d'origine, c'est ce que je retrouve au fond des yeux de Diane : la même docilité, la même expression apeurée. La même sensation d'être là, et de ne pas y être.

Au premier plan, un couple. Elle encore jeune, blonde, apprêtée, en maillot de bain chic, allongée lascivement sur une chaise longue en bois recouverte d'un matelas à motifs fleuris. Elle a les yeux clos, le menton légèrement relevé, les commissures des lèvres affaissées, les bras en appui sur les accoudoirs, la jambe droite repliée, la gauche étendue. On distingue le rimmel en couche épaisse, le rouge à lèvres nacré. Bien que la femme ferme les yeux, rien dans sa posture ne suggère le moindre abandon. Lui, allongé sur une chaise longue identique, recouverte du même matelas à motifs fleuris, disposée parallèlement à celle de la femme mais séparée de celle-ci par une table basse en teck de sorte que l'homme et la femme semblent éloignés l'un de l'autre et ce, de manière inéluctable, comme si chacun était lancé sur une ligne (ligne de fuite de la photo) qui jamais ne pourra croiser celle de l'autre. Torse nu, en maillot de bain clair de facture élégante, le bras droit reposant sur l'accoudoir, la majeure partie du visage cachée par la main gauche, il a la tête penchée de l'autre côté de la femme. On ne sait s'il se refuse à la photographie, s'il est contrarié, ou s'il dort.

Assez loin derrière eux, à plusieurs mètres, un enfant, torse nu, en maillot de bain, penché au-dessus de ce qui semble être un grand bac en plastique posé à même l'immense gazon parfaitement tondu et entretenu, leur tourne le dos.

Derrière l'enfant, à une distance que l'on devine de plusieurs dizaines de mètres encore, clôturant le jardin, une rangée d'arbres alignés formant une masse sombre et épaisse.

La photo fascine par la perfection froide de ses lignes verticales et horizontales : parallélisme et symétrie des deux chaises longues et des deux corps allongés, ligne de démarcation très nettement dessinée entre la pelouse et la haie d'arbres, contraste entre les corps écrasés à terre et les arbres dressés vers le ciel. Tout est parfait et glacé, tout suinte l'argent et l'effrayante solitude. Diane Arbus a intitulé la photographie : « Une famille sur sa pelouse un dimanche à Westchester », New York, 1968. J'ai retrouvé dans ses notes l'extrait de la lettre qu'elle envoie en septembre 1968 à son ami Peter Crookston. Elle pense à cette photo comme amorce d'une série sur la famille qui, comme le suggérait Peter, pourrait bien être, avec son côté étriqué, à l'origine de tous nos malheurs, et elle ajoute : « Je viens de la tirer et elle est si étrange. Les parents semblent rêver l'enfant et l'enfant semble les inventer. »

Le jour, la nuit, Diane Arbus m'a envahie un peu plus. Elle est devenue une sœur, une compagne, un double – je ne sais comment définir le lien insensé qui a commencé à m'unir à elle.

Elle est devenue une obsession.

Elle ne m'a plus quittée. À moins que ce ne soit moi qui ne l'aie plus quittée.

Très lentement, je lisais sa chronologie. Je lisais les fragments de lettres, de rêves, de notes, qu'elle avait écrits. Je regardais ses photographies. J'avais peur de ce que j'allais mieux découvrir encore, j'avais peur et j'étais tout à la fois aimantée : qui était cette femme, morte il y a un peu plus de quarante ans, cinq mois avant que je ne vienne au monde, dont il y a quelques jours encore je ne connaissais rien, et dont la rencontre avait été une si violente implosion en moi ? Cette femme, dont je rêvais la nuit, et que je sentais devenir vivante en moi ? Cette femme, qui avait su déterrer, peu de temps avant de mourir, le cœur de son enfance, et dont les mêmes mots avaient fait exploser les parois de verre entre lesquelles était enfermée, depuis des années, ma propre enfance ?

Plus je découvrais qui elle avait été, plus des pans entiers de ma vie revenaient à moi, comme les images d'un film oublié qu'elle me faisait revoir.

Qu'elle me faisait revivre.

Dans un entretien radiophonique, en 1968, Diane Arbus raconte qu'elle se souvient d'une promenade qu'elle avait faite un jour au parc jusqu'au site du vieux réservoir qui était vide à ce moment-là, sans doute parce que l'on déversait l'eau dans un nouveau lac artificiel. Les effets de la grande crise de 1929 se font alors encore sentir et la petite fille, serrant la main de sa gouvernante, aperçoit des gens vivant dans des abris précaires. « Ce fut un souvenir très fort et très palpable de la réalité qui existait de l'autre côté des rails. [...] Je ne dis pas que j'enviais ces gens-là, mais je comprenais que je ne pouvais pas me promener là-bas. Il y avait un tel gouffre. »

Je lis ce que Diane raconte et à peine ai-je fini de lire les mots de Diane qu'une vague vient recouvrir ses mots, une vague immense et douce, noire et jaune, et lorsque la vague commence à refluer, ce que je vois n'est plus Diane et sa gouvernante se promenant dans Central Park après la grande crise de 1929, ce que je vois est ma grand-mère et moi nous promenant dans la zone piétonne de Nice au début des années 1980. Oui, c'était là soudain. C'était là de nouveau, se déchirant d'un voile.

C'est l'été, j'ai une dizaine d'années. Je marche à côté de ma grand-mère italienne. Tout à coup, elle me tire par le bras : Regarde, regarde cette fille là-bas, je tourne la tête et je découvre une jeune femme hurlant, se traînant à terre, les cheveux noirs qui lui battent le visage. Je ne peux pas détourner mon regard, j'éprouve un mélange d'effroi et de fascination, les hurlements de la jeune femme transpercent ma peau, j'en ressens l'extrême violence, mais je veux continuer à regarder, je veux regarder les cheveux noirs qui battent, je veux regarder les bras qui s'agitent, je veux entendre les hurlements. Je ressens quelque chose qui n'a rien à voir avec cette violence, je ressens quelque chose qui est même à l'opposé de cette violence, je me sens *rassurée* sans que je comprenne pourquoi, la voix qui hurle entre dans mon corps et m'apaise pourtant, comme si quelque chose *se comblait*, comme si quelque chose *s'assemblait*. Moi qui ne connais que les univers policés, les atmosphères sous contrôle, les tons de voix maîtrisés, les corps qui se tiennent, c'est la première fois que je vois quelqu'un dans un tel état de rupture, cette femme au bord de l'effondrement et dont je ne peux détacher mon regard me paraît se tenir de l'autre côté d'une frontière, et la voir ainsi, de l'autre côté d'une frontière, c'est la voir et du même coup découvrir la frontière, c'est comprendre brutalement que ce que je pensais être la clôture du monde, sa délimitation finale, n'était en fait qu'une ligne de démarcation, je n'avais déambulé jusqu'à présent que dans une toute petite partie du monde, et face à cette femme dans la rue le rideau s'ouvre enfin et je découvre tout un pan du monde jusque-là caché, je comprends que le monde est bien plus vaste, bien plus complexe, bien plus vivant que ce que j'en connaissais alors, oui, en l'espace de quelques secondes, face à cette femme qui hurle, le monde pour moi se reconstitue à toute vitesse, le monde se dévoile enfin.

C'est la drogue. N'oublie jamais, me dit ma grand-mère. Les paroles glissent sur moi, elles résonnent très loin. Ma grand-mère pense sans doute ce jour-là me transmettre une leçon importante au sujet de la drogue, elle ne sait pas que ce qu'elle m'a donné n'a rien à voir, elle ne sait pas qu'elle m'a fait un immense cadeau, je n'ai pas rattaché cette scène aux ravages de la drogue mais à la découverte du monde, à son infinitude, à sa complexité : ainsi donc, le monde est bien plus vaste que le petit territoire propre et verrouillé que je parcours depuis l'enfance, il est traversé de mille frontières dont une première vient de m'apparaître, il intègre ce qu'on a toujours cherché à tenir éloigné de moi, dans un souci évident de protection mais qui, loin de me procurer un quelconque apaisement, génère en moi la plus vive des angoisses : la vie n'est pas seulement ordre, clarté, cohérence, verticalité, unicité, maîtrise, toutes ces choses qui, lorsqu'elles existent seules, sont effrayantes

– mais aussi désordre, ombre, folie, aliénation, effondrement. On n'est pas toujours debout. On est parfois à terre. On est parfois hurlant. En mille morceaux. Oui, la vie est immense, ouverte sur des abîmes. Ouverte sur des espaces. La vie est bien vivante. Mais, moi non plus, je ne peux pas encore « aller là-bas ».

Pendant des années, la promenade avec ma grand-mère était restée là, cachée au fond de ma mémoire. Il avait suffi que je lise ce que Diane avait raconté lors de cet entretien radiophonique pour que cet épisode remonte en moi, et à nouveau je le revivais. Et, parce que je le revivais, je savais tout à coup si bien pourquoi j'avais tant voulu oublier une part de mon enfance. Pourquoi j'avais tant voulu la fuir, et ne jamais revenir, dans cette histoire-là. Mais qu'est-ce qu'on oublie ? Qu'est-ce qu'on oublie ?

« La fortune familiale m'a toujours paru humiliante », raconte encore Diane Arbus à la radio en 1968. Elle décrit la sensation atroce qu'elle ressentait, enfant, lorsqu'elle parcourait l'allée centrale de Russek's, le magasin familial, bordée tout du long d'une rangée de mannequins en plastique qui ne pouvaient lui être d'aucun secours, tandis que le personnel saluait la « petite princesse » d'un sourire plein de déférence qui lui paraissait empreint d'ironie. « J'avais l'impression que tout cela m'appartenait et j'avais honte. »

C'est ce mot-là, le mot honte, qui a achevé de faire exploser les parois de verre entre lesquelles était enfermée mon enfance.

C'est ce mot-là, soudain, qui m'a rendu jusqu'au bout la *sensation* de mon enfance. La sensation la plus intime, la plus secrète, la plus inavouable. Il m'avait fallu Diane Arbus, et presque quarante ans de vie, pour comprendre combien ce mot-là appartenait à mon enfance. Au cœur de mon enfance.

Je suis la seconde fille de ces gens qui possèdent ce si bel appartement près du Trocadéro, avenue d'Eylau au numéro 24, le deuxième étage avec le balcon si fleuri et l'immense entrée, presque vide, je suis la seconde fille de ce monsieur à la si belle situation, je dis Bonjour Madame Bonjour Monsieur très docilement chaque fois que nous croisons quelqu'un que nous connaissons, dans l'immeuble, dans la rue, à la messe le dimanche, mais parfois ceux et celles que nous croisons sont dans des « situations plus difficiles », comme me le murmure ma mère, et en effet à l'école privée catholique où je vais et où se pressent pour l'écrasante majorité des jeunes filles du même milieu que le nôtre, on croise çà et là des jeunes filles d'un milieu modeste, elles ne sont pas tout à fait habillées comme nous, elles ne parlent pas tout à fait comme nous, elles ne sont invitées à aucune soirée de rallye, elles restent entre elles lorsqu'elles ont la chance d'être au moins deux par niveau, mais parfois il n'y en a qu'une sur les cinq classes du même niveau, une « fille de concierge », et elles doivent faire face aux moqueries ou au dédain des autres, au mépris, aux remarques cinglantes, et je vois, et j'entends, et je n'interviens pas, je laisse faire, je suis lâche, j'éprouve dans le ventre une sensation visqueuse, quelque chose de lourd, de très lourd, mais je ne fais rien, je ne dis rien, j'ai la même sensation lorsque je croise à la maison, en rentrant de l'école, les deux jeunes enfants, toujours très sages et très silencieux, de la femme de ménage portugaise qui travaille chez nous, et qui me saluent avec chaque fois dans le regard une expression extrêmement respectueuse, une expression qui n'appartient pas au monde des enfants, une expression qui me fait rester debout, interdite, bras ballants, dans la cuisine.

Pendant toute mon enfance, les frontières me paraissent infranchissables. Nous nous tenons d'un certain côté, d'autres de l'autre, et il est tenu pour acquis, même si cela n'est jamais dit, qu'on ne passe pas dans cet autre monde. On ne le visite pas. On ne l'explore pas. C'est un autre monde que le nôtre, un monde auquel, d'évidence, nous n'appartiendrons jamais : la route, devant nous, ne passera pas par là.

On ne peut pas passer. On ne passera jamais. Ni dans un sens, ni dans l'autre. Ces frontières-là sont des murs. C'est devant les autres, ceux qui n'appartiennent pas au même monde que le nôtre, que je ressens la sensation visqueuse dans mon ventre. Je ne sais pas ce qu'elle est. Je ne sais pas ce qu'elle veut me dire. Face à eux, une voix gronde au fond de moi et m'attire à eux. Mais, malgré la voix qui gronde – *la fortune familiale m'a toujours paru humiliante* – je n'ai aucun courage, je reste moi aussi immobile : je ne fais pas un pas vers les enfants portugais, je ne joue pas avec eux. Je ne m'aventure pas en dehors des frontières de notre monde ultra-privilégié. Et je m'efforce, lorsque je quitte la cuisine, de chasser ce qui pèse plus lourd encore dans mon ventre et que je ne sais pas encore nommer.

J'avance dans un long couloir sombre que je reconnais au premier regard c'est le couloir de l'appartement de mon enfance le long couloir qui reliait l'entrée à la cuisine la cuisine située tout au bout de l'appartement ainsi qu'étaient conçus les appartements nobles haussmanniens j'avance très lentement je n'y vois presque pas je suis en chemise de nuit une blouse blanche et ancienne que je ne me connaissais pas je retrouve sous mes pieds nus la sensation du parquet sur lequel j'ai couru toute mon enfance je distingue dès le début du couloir sur la gauche le petit cabinet de toilette dont la porte ne fermait pas très bien et qui donnait sur la cour intérieure de l'immeuble on entendait les pigeons roucouler roucouler sans fin je sais qu'ensuite il faut compter quatre pas et le couloir forme un coude et au niveau de ce coude sur la gauche il y a le petit placard dans lequel étaient installés le compteur électrique et le compteur d'eau et que l'on n'ouvrait que lorsqu'il y avait soupçon de fuite d'eau l'été souvent il y avait des fuites d'eau dans ce long couloir près du petit placard que l'on ouvrait alors et mon père disait, J'ai l'impression qu'il y a des traînées humides je crois bien qu'il y a encore une fuite, et j'ai envie de tendre mon bras sur la gauche pour toucher le petit placard pour être bien certaine qu'il s'agit du petit placard de mon enfance le petit placard à la porte rouge écrasée mais mon bras est terriblement lourd soudain il est terriblement lourd et je ne peux pas le soulever je passe devant le petit placard je me dis que j'étendrai mon bras plus loin je toucherai les choses plus loin je continue d'avancer le sol devient plus froid sous mes pieds comme si la température chutait ma chemise de nuit blanche s'allonge et me bat les jambes et j'ai l'impression de flotter j'ai l'impression d'être en suspension dans ce couloir interminable de mon enfance juste après le coude toujours sur la gauche la salle de bains qu'utilisait ma sœur la salle de bains au carrelage rose et au porte-serviettes en bois clair sur lequel j'aimais poser la main car il était si lisse et si doux sous ma paume dans cette salle de bains je ne prenais jamais de douche c'était la salle de bains de ma sœur je n'ose pas essayer d'étendre mon bras j'ai peur qu'il soit encore très lourd j'ai peur qu'il soit encore impuissant je continue à avancer dans le couloir le long couloir de mon enfance je m'attends à trouver sur la droite le deuxième coude et au niveau de ce deuxième coude le deuxième petit placard dans lequel nous rangions chaque fin d'année scolaire tous nos cours de l'année qui venait de s'achever d'année en année le petit placard était de plus en plus rempli les cahiers et les pochettes s'entassaient débordaient nous tombaient sur la tête je continuais à empiler je n'osais pas jeter mes cours j'empilais les cours sur l'étagère du haut puis très vite je refermais le placard j'ai froid aux pieds le froid monte dans mon corps il monte dans mes bras il monte dans ma poitrine je passe devant le deuxième petit placard je n'essaie pas de le toucher je sais que je vais trouver juste après sur la droite la chambre de ma sœur la chambre avec le grand lit en bois foncé juste derrière la porte et la si belle courtepointe en patchwork qu'avait confectionnée ma grand-mère avec la grande poupée en chiffon couchée dessus qui me faisait tant rêver et que j'aurais tant voulu avoir pour moi mais c'était la chambre de ma sœur c'était le royaume de ma sœur c'était une chambre si différente de la mienne une chambre qui donnait sur la cour et non sur la rue une chambre où l'on sentait le calme une chambre sans effroi je n'osais pas beaucoup y entrer je n'y ai jamais joué je n'y ai jamais rêvé j'ouvre les yeux le plus grand possible pour revoir la chambre de ma sœur je veux toucher la porte de la chambre de ma sœur je me rends compte soudain que je veux la toucher depuis si longtemps depuis si longtemps je veux la toucher mon cœur cogne en moi j'attends ce moment j'attends ce moment de toutes mes forces mais le couloir brusquement continue il continue sans fin et je ne passe devant aucune chambre la chambre de ma sœur a disparu le couloir est devenu noir et sans fin le couloir ne dessert plus rien il ne débouche plus sur la très grande double cuisine rouge sombre le couloir est noir et glacé et je continue à avancer et j'ai peur et j'ai froid et tout est lourd en moi mes bras et mes jambes tout est si lourd je ne vais bientôt plus pouvoir avancer je ne reconnais plus rien je ne suis plus dans l'appartement de mon enfance l'appartement de mon enfance a disparu mon enfance a disparu ma mère a disparu notre famille a disparu tout a disparu tout a disparu.

Le temps se contorsionnait, sortait de son sillon. Le temps devenait fou. Ou bien peut-être était-ce moi qui perdais le sillon du temps.

Je ne savais plus me contenir dans le présent : l'année 2012 commençait, j'étais une femme qui allait bientôt avoir quarante ans, et j'étais l'enfant de huit ans qui errait dans son présent et avait peur de mourir. Et j'étais aussi, dans le même temps, la jumelle d'une enfant des années 1930 qui elle aussi errait dans un immense appartement de quatorze pièces à New York.

Elle doit avoir huit ou neuf ans. Elle porte une couronne de fleurs dans les cheveux, une longue robe blanche brodée en soie ou en organza qui tombe jusqu'à terre, un manteau blanc en peau. Elle a dans les mains une corbeille en osier ornée de rubans. Elle se tient debout et regarde droit devant elle, elle ne sourit pas, l'expression de son regard est grave, ses yeux immenses. Elle paraît effrayée.

Juste derrière elle, une brume épaisse enveloppe tout le paysage. On distingue à peine quelques sapins. Tout se noie dans le brouillard.

Je plongeais dans sa vie, j'explorais très lentement ce que j'avais commencé à entrevoir de son existence dans les salles du musée du Jeu de paume ce dimanche d'octobre 2011. Je voulais tout comprendre d'elle. Je voulais la comprendre intimement, de l'intérieur. Je voulais la comprendre aussi bien que si elle s'était tenue devant moi, en chair et en os, qu'elle s'était assise sur mon canapé et que nous avions parlé des jours et des nuits durant, et qu'elle m'avait tout raconté. Tout raconté de sa vie.

Et, de jour en jour, c'était ma propre vie qui affluait en moi, comme un afflux de sang au corps. Depuis des mois, j'avais la sensation que tout s'effritait sous moi. Que tout n'était que mascarade, faux-semblants. Tout s'était tant effrité que je ne savais plus très bien ce qu'on appelait le réel. Le réel lui aussi était en miettes. Le réel lui aussi se dérobait sous ma main, sous mon regard.

Et soudain, Diane Arbus, morte il y a plus de quarante ans, était violemment présente en moi, violemment vivante. Ça ressemblait à une étreinte. Je m'accrochais à elle, de toutes mes forces.

Je rêvais d'elle. Je rêvais d'elle la nuit. Dans certains rêves, son visage est si nu, si tendre. Elle est là comme de passage. Elle arrive en volant, ou elle traverse lentement une pièce pour entrer dans une autre, à laquelle je n'ai pas accès. Et je la regarde traverser cette pièce dans laquelle je me tiens debout, dans laquelle je l'attends. Je la regarde disparaître. Elle rit, très doucement. Je n'entends pas son rire, mais je le vois chiffonner en silence les traits de son visage.

Le lendemain, quelque chose d'elle perdure. Elle me poursuit heure après heure. Parfois, j'aimerais la chasser. Oui, j'aimerais la chasser hors de moi, loin de moi. J'aimerais qu'elle me laisse tranquille, sans ce passé qu'elle fait resurgir. Je lui parle, comme on parle aux absents. Je lui parle très doucement. Je lui demande de s'en aller. Mais elle reste là. Dans mes rêves, elle n'est que de passage, mais dans ma vie, elle reste là. Elle reste là, plantée comme un i, elle squatte, elle m'oblige à l'affronter. Je finis par abdiquer. Je la laisse m'envahir. Je laisse ses grands yeux noirs me fixer sans sourire, me fixer jusqu'au plus profond de moi, là où tout brûle, où tout est épars, et j'ose enfin me regarder.

Diane a quatorze ans lorsqu'elle rencontre Allan. Il travaille au service publicité de Russek's, le magasin familial.

J'ai essayé de me souvenir de mes quatorze ans. J'ai revu une grande fille maigre, à la peau très pâle, qui portait de longues jupes bleu marine lui battant les chevilles. Et soudain une image m'est revenue, une seule, précise et obsédante, échappant à la brume qui m'enveloppait alors : je suis assise dans le fauteuil en cuir beige d'un salon de coiffure. Autour de moi, du brouhaha, de l'agitation. Le salon est très chic, les femmes parlent fort et avec assurance, elles sont très apprêtées, elles rient, elles portent du rouge à lèvres très rouge, elles roucoulent. Je me sens petite, si petite à l'intérieur de moi. Je voudrais m'enfuir mais c'est moi qui ai voulu venir alors je reste assise dans ce grand fauteuil beige dans lequel je me sens disparaître. Je lutte pour ne pas me laisser engloutir. La coiffeuse m'adresse un sourire dans le miroir, j'essaie de le lui rendre. J'entends le crissement des ciseaux derrière ma tête, je ferme les yeux. Lorsque je les rouvre, la première chose que je vois, ce sont mes longs cheveux noirs à terre.

Quelques jours plus tôt, j'avais tout à coup eu très envie de me faire couper les cheveux, que je portais longs depuis des années. Mon désir m'était apparu comme celui d'une transgression : couper mes cheveux. Couper, enfin, mes longs cheveux noirs. Changer de visage. Commencer à me ressembler. Ma mère m'avait dit que c'était une mauvaise idée, que j'aurais des regrets. J'avais dû batailler. Je n'avais pas cédé. N'était-ce pas la première fois de ma vie que j'exprimais un désir ? Un désir qui provenait de moi, uniquement de moi.

L'image se détache de la brume, nette et coupante comme la lame des ciseaux de la coiffeuse. Elle me pénètre, elle m'entaille : je suis assise dans un grand fauteuil beige et je regarde longuement, sidérée, mes cheveux noirs à terre. Mes longs cheveux noirs gisant à terre comme si une part de moi était morte, parce que j'en ai décidé ainsi.

Lorsque je relève la tête, je cherche dans le miroir l'enfant, je découvre une jeune fille pâle aux cheveux courts. Je porte encore au cœur de moi les quelques secondes qu'il m'a fallu pour comprendre que la jeune fille, c'est moi.

C'est la seule image qui me revienne de mes quatorze ans. Tout le reste est resté enfoui sous la même nappe de brouillard : où que ce soit, dans l'immense appartement familial près du Trocadéro, sur les larges avenues bordées de marronniers, dans l'institution privée religieuse où je fais mes études, au conservatoire où j'apprends le solfège, entre ma sœur et mon frère – où que je sois, je suis en pleine brume. Rien ni personne ne m'a encore extirpée de ma masse cotonneuse.

Diane, elle, tombe amoureuse. Un visage, un regard, un corps. Des mains. Une voix. Et Diane sort du brouillard. Le sentiment d'immunité, l'atmosphère d'irréalité – tout ça prend fin, brutalement.

Je lis et relis les passages de la *Chronologie* de Diane Arbus mentionnant leur rencontre. Je lis que Diane et Allan se voient en cachette, et aussitôt dans ma tête le film commence : je vois la très jeune Diane, quatorze ans, habillée jusque-là par des gouvernantes selon le goût de sa mère et les critères de la riche bourgeoisie new-yorkaise de l'époque, se rendant à ces rendez-vous qu'elle doit garder secrets. Je la vois se préparant, debout devant le miroir, se regardant pour la première fois véritablement, scrutant ses traits, choisissant ses vêtements, se brossant les cheveux. Soudain elle s'observe, elle se découvre. Elle se demande si elle est belle, si elle va lui plaire, lui plaire encore. Faut-il choisir cette robe ou cette jupe ? ce chemisier ? Faut-il se détacher les cheveux ou les relever en un chignon ? Qui est-elle ? Que veut-elle lui montrer d'elle ? La douceur ? La force ? La féminité ? La singularité ? Mais elle ne le sait pas ! Elle ne se connaît pas, elle ne connaît rien, ni d'elle ni du monde, elle n'a rien vécu – elle le sait tout à coup. Elle le comprend : la vie n'a pas encore laissé de traces. La vie ne l'a pas atteinte. Elle est vierge de toute expérience. Elle est un vide, que la vie n'a pas encore empli. Et maintenant, tout à coup, Allan… Allan, qui l'attend. Allan, qui aime ce vide qu'elle est. Cette terre vierge. Tout est si nouveau, si violent. Elle s'impose un masque de détachement sur le visage au moment de quitter la maison, le cœur et le corps en liesse. Ne rien montrer à personne. Une joie l'habite désormais jour et nuit, une joie effrayante.

Le film continue, les images défilent dans ma tête, elles défilent et je ne sais pas si c'est moi qui pars à leur recherche ou elles qui s'imposent à moi. Diane a refermé tout doucement la porte de l'immense appartement. Elle marche dans les rues de New York. Elle ne pense à rien, elle ne peut penser à rien : elle doit retrouver Allan. Ils se sont fixé un rendez-vous, une heure et un lieu précis, une heure et un lieu saillis de la brume. C'est la seule chose qui existe. Elle se hâte. Il est là, elle l'aperçoit de loin. Il l'attendait. Elle vient d'arriver, elle se tient face à lui, soutenant son regard. Elle ne lui parle pas, son cœur bat en elle à se rompre, quelque chose brûle tout au fond de son ventre. Ça brûle dans son ventre, ça brûle dans son corps de très jeune fille. Ça brûle et ça monte, lentement, en elle. Ça monte, comme une eau qui goutte après goutte irriguerait chaque parcelle de son corps. Elle approche son doigt du visage d'Allan, très lentement elle le touche, très lentement elle parcourt son visage, elle explore sa peau comme on découvre un monde. Elle touche, elle touche. L'instant dure, et dure encore. Elle s'enfonce dans ce temps-là. Elle, la très jeune fille qui vient d'un monde ultra-protégé et solitaire, soudain devant les yeux d'Allan, devant les mains d'Allan, devant le corps d'Allan, quelque chose tremble du plus profond d'elle.

La vie la pénètre.

Mais non… Ce n'est pas ça. Ce n'est pas elle… L'image se brouille tout à coup, la scène est coupée, et c'est moi à présent qui apparais sur l'écran, moi la grande fille maigre de quatorze ans qui viens de me faire couper mes longs cheveux noirs et qui marche sur le chemin de l'institution privée religieuse pour jeunes filles bien-pensantes dans laquelle j'étudie, je porte une jupe bleu marine et un chemisier blanc conformément au règlement du collège, je n'ai droit qu'au bleu marine, au blanc et au gris, je descends la rue des Sablons et m'apprête à traverser l'avenue Georges-Mandel, je me retourne, gros plan sur moi, j'ai le visage sérieux, très sérieux.

De l'autre côté de l'écran, j'ai envie de me faire rire. J'ai envie de me rendre légère. Je m'adresse des grimaces, je fais le pitre. Mais, sur l'écran, la jeune fille de quatorze ans ne rigole pas : la vie est immensément sérieuse. La vie est immensément fermée.

C'est elle, c'est moi. C'est moi, c'est elle. L'image ne cesse de se brouiller, de plus en plus vite, nos deux visages apparaissent tour à tour à l'écran et bientôt ils apparaissent ensemble, ils se superposent, et je ne sais plus si c'est le visage de Diane Arbus ou le mien, si c'est elle ou moi, c'est elle, c'est moi, c'est moi, c'est elle.

Tout à coup, l'image redevient nette. C'est elle, qui va faire l'amour pour la première fois, sortir de la brume, quitter le monde clos de l'enfance. C'est elle, ce n'est pas moi. Et le film reprend, doucement, ma projection privée et imaginaire, et quelque chose se tord en moi, se serre, parce que, je le sais déjà, les images vont appeler d'autres images, qui vont remonter en moi, déferler. Je la vois dans les bras d'Allan et je sais qu'une part de moi va venir se fondre dans les images. C'est elle, la très jeune fille aux cheveux mi-longs, au visage angélique, aux grands yeux ronds, dont la vie bascule soudain, et pourtant je sais déjà que c'est quelque chose de moi, je le sens remontant, prêt à éclater, je ne sais pas encore quoi, mais sur mon écran c'est encore elle que je vois.

Dans mon film, Diane et Allan se voient et se revoient, et chaque fois le désir monte, le désir envahit le corps, la tête, le désir fait exploser des images derrière les yeux qui se ferment, le désir donne la mesure du temps, la mesure de l'attente, et elle sent ça, si nouveau en elle. Son corps s'ouvre, fleur humide et odorante. C'est une lente naissance, violente comme toutes les naissances, mais si douce. Ils se voient en secret, et face à Allan le voile de brume se déchire et un monde apparaît. Derrière le voile de brume, elle entrevoit autre chose, qui n'a rien à voir avec ce qu'elle connaissait. C'est quelque chose auquel elle pourrait enfin se cogner, se frotter. Quelque chose qu'elle pourrait toucher, éprouver. De l'autre côté du corps d'Allan, c'est le réel qui pourrait entrer dans sa vie. Le réel, la vie, la sève. Elle le sait, Diane, elle le sait soudain, comme on sait parfois avec tant d'acuité les choses sans les avoir éprouvées. Elle sait que ce garçon, là, devant elle, va l'extirper de la ouate. Il va la sauver. Car maintenant qu'elle est au bord de basculer, elle entrevoit, avec effroi, l'immense nappe de brume qui l'enserrait. L'étouffement. L'atmosphère d'irréalité.

Elle veut se dégager de la vie d'avant, la laisser tomber comme on laisserait tomber une peau morte. Elle veut découvrir sa propre peau.

elle les connaît. Elle les connaît du plus profond d'elle. Elle sait dans quelle fausseté elles peuvent vous enfermer. Vous emmurer vivantes.

Elle sait que ce n'est pas d'une vie comme ça qu'elle veut. Ces vies-là, désormais, elle les fuira. Elle les fuira de toutes ses forces.

Elle veut vivre. Elle veut explorer la vie comme on plonge la tête la première. Alors, à ses parents, elle dit non. Elle leur dit qu'avec Allan, elle s'en va vivre ailleurs. Dans un autre monde que le leur.

Et soudain je me suis souvenue.

C'est un jour d'été. Le soleil entre dans le salon aux rideaux jaunes. Tout est jaune dans mon regard. La banquette en soie, les fauteuils Louis-Philippe, le parquet en chêne, le buffet provençal. Tout est jaune ce matin-là lorsque j'entre dans le salon.

Même le piano noir est jaune.

Lorsque j'entre dans le salon ce matin-là le corps prêt à éclater, le corps tendu comme un arc, le corps et les mots dans ma tête, les mots cognant dans ma tête, enfin rassemblés.

Ce matin-là ne succède pas à une nuit, ce matin-là succède à des années.

Mon père, assis sur la banquette. Je chasse au plus loin le grondement de la peur. Je n'ai pas peur. Je ne veux pas avoir peur. Je n'aurai pas peur. Je n'entends pas mon corps qui pourrait d'un coup s'effondrer.

S'effondrer là, aux pieds de mon père, sur le parquet en chêne massif.

Je suis face à mon père et je n'ai pas peur. Je suis compacte, tout entière contenue dans les mots que je vais enfin expulser hors de moi. Les mots qui pendant si longtemps n'ont pas été des mots mais un cri sourd, informe, enfermé dans mon gosier.

Je sens derrière moi les rideaux jaunes flotter. Je sens autour de moi les murs du salon m'enserrer. Je voudrais de mes mains écarter tous les murs. Je voudrais de ma voix écarter tous les murs.

Je voudrais rencontrer mon propre espace.

Mon père, assis sur la banquette. Mon père, attentif. Mon père qui ne dit rien, qui attend que je parle.

Je dis, j'articule : Je veux écrire. J'ai fini mes études, j'ai maintenant mon diplôme, je veux écrire. C'est la seule chose qui compte pour moi. La seule chose que je veux faire.

Tout est devenu jaune foncé soudain.

Tout est devenu noir.

Je ne regarde pas mon père dans les yeux. Pour ne pas perdre ce qui se consume en moi, pour ne pas me dissoudre, je fuis son regard. Je fuis son sourire.

Et je l'entends soudain, sa voix venant de très loin comme si elle était passée par-delà les montagnes, par-delà la brume immense qui m'enveloppe, j'entends sa voix qui me percute : Tu veux vraiment écrire ? Alors, fais-le maintenant, autrement, tu le regretteras toute ta vie.

Les mots d'amour de mon père. Fais-le maintenant.

Vingt ans après, j'entends encore les mots d'amour de mon père.

À cet instant où ma vie bascule.

J'entends encore les mots d'amour de mon père dans mon corps qui fléchit soudain.

J'ai basculé dans ma vie d'écriture avec la voix de mon père.

J'ai sauté dans le vide agrippée à la voix de mon père.

Les rideaux jaunes flottent légèrement.

Il dit, encore : Prends-toi six mois pour écrire. Après, tu gagnes ta vie. Après, tu te débrouilles.

Non, mon père n'a pas pu dire : Tu te débrouilles. Mon père utilise un langage châtié. Il aime la beauté. Il aime le raffinement.

Il a peut-être dit : Après, tu gagnes ta vie. Tu fais face.

Ou bien : Après, tu gagnes ta vie. Tu es autonome.

Ou bien, peut-être a-t-il ri, et dit : Après, tu gagnes ta vie. Tu ne crois pas qu'on va continuer à t'entretenir. À vingt-deux ans.

Mon père a le sens de l'humour.

J'ai la mémoire qui flanche.

Et ma mère soudain là, apparue entre les murs jaunes. Ma mère, debout devant moi. Son grand corps chaud et vibrant. Son grand corps de mère.

Alors, qu'est-ce que tu voulais dire de si important à ton père ?

Figure-toi que notre fille veut écrire.

Ah.

Les yeux noirs de ma mère agrandis. Les yeux noirs qui me scrutent.

Et alors ?

Alors, je lui ai dit de le faire. D'écrire. On n'a qu'une vie, il ne faut jamais avoir de regrets.

Et moi qui me balance d'un pied sur l'autre, entre eux deux qui maintenant parlent de *ça*.

Je lève les yeux vers ma mère. Elle ne sourit pas. Son visage est tendu Elle essaie de mesurer le risque.

Le risque.

Si ton père le dit, alors. Essaie. Et si ça ne marche pas, tu feras autre chose.

Les rideaux jaunes se gonflent à présent.

Si ça ne marche pas.

Les rideaux jaunes se gonflent dans mon dos.

C'est à ce moment-là, je crois, que mon père répète : On n'a qu'une vie.

J'entends la voix de mon père et je regarde mon père et je reste immobile tandis que ses mots éclatent dans ma tête, éclatent dans mon corps. Tandis que ses mots se dilatent.

Pour toujours je me souviens de nous trois, mon père, ma mère et moi, ombres flottantes, éternelles, rassemblées en ce jour d'été dans le grand salon jaune, après que pour la première fois de ma vie j'ai osé avouer que je voulais écrire.

Nous sommes en janvier 2012. Une nouvelle année commence. Ma mère est morte depuis douze ans. J'ai publié sept livres. Mon père s'est violemment emporté lors de la parution de mon dernier livre. L'appartement a été vendu. Le salon jaune n'existe plus. Il n'existe plus que dans ma mémoire, déformé, immense, plus jaune encore.

Comme ma mère n'existe plus que dans ma mémoire, déformée, plus mère encore.

J'ai le vertige. Je retourne au passé. À ce matin de juin 1995.

Ma mère, debout, penchée vers moi. Amoureusement penchée. Ma mère, inquiète encore malgré les yeux clairs de mon père. Nous trois silencieux.

Si longuement silencieux.

Si longue cette douceur qui nous étreint.

Qui de nous trois avait compris ce jour-là que quelque chose avait pris fin à jamais ?

Que je les quittais.

Qu'en partant écrire, je m'en allais vivre.

Je m'en allais vivre ailleurs. Dans un autre monde que le leur.

II

Presque vingt ans ont passé depuis ce matin d'été. J'écris cette phrase : presque vingt ans ont passé. Pourtant, je ne peux la comprendre : je ne peux comprendre *comment vingt ans ont pu passer*. J'aimerais tenir entre mes mains ces vingt années pour être certaine de ne pas les avoir rêvées. Mais je ne peux les saisir. Je ne peux les retenir tout contre moi. Elles sont comme un flot qui me déborde, qui jaillit de toutes parts, et qui m'échappe, qui me ue. Je peux simplement faire et refaire ce calcul, à l'infini : près de vingt années ont passé depuis ce matin d'été, où je me tenais droite auprès de ma mère et de mon père, encore vivants, encore aimants.

Je peux également faire cet autre calcul : près de deux années ont passé depuis ma rencontre avec Diane Arbus, un après-midi d'automne.

Je m'appelle Laurence T., je suis écrivain, je viens d'avoir quarante ans. J'ai été au bord de l'effondrement pendant deux ans, incapable d'écrire une ligne, incapable d'accrocher le réel. Plus rien n'avait de sens, les mots mêmes n'avaient plus de sens. Les mots étaient vides. Et aujourd'hui j'écris ce livre.

Et la seule chose qui compte désormais est d'aller au bout. Parvenir au bout du livre signifiera être sortie de l'effondrement, avoir retrouvé la vie. Vous savez, la vie, son mouvement, sa légèreté. Ça paraît si simple. L'air sur la peau, sur le visage. La sensation de froid, de chaud. La lumière, les odeurs.

Ça paraît si simple lorsqu'on est *dedans*.

Ma seule assise concrète, *réelle*, pendant ces deux années, a été la présence fantasmée de Diane Arbus. Que s'était-il donc cassé à ce point pour qu'une présence imaginaire me retienne de m'effondrer totalement ? Qu'est-ce que tout cela a été ? Du vécu, une fiction, une forme de folie ? Aujourd'hui encore je l'ignore. Je ne sais qu'une chose : en dehors de mes enfants, c'était la seule forme de vie que je supportais, car c'était la seule forme de vie qui faisait sens. Sans Diane Arbus, sans sa lumière noire et brûlante, je serais tombée.

Elle avait cherché ce que moi aussi je cherchais. Elle aussi avait rompu avec son passé. Elle avait avancé, sans fard et sans filet, jusqu'au bout.

Et moi qui depuis des mois avais le sentiment de subir un écrasement qui jour après jour avait raison de moi, de mon désir, de ma joie, et qui ne savais plus s'il fallait batailler encore ou renoncer, depuis que Diane Arbus était entrée dans ma vie peu à peu je me redressais : les différentes strates du temps qui me constituaient revivaient en moi. Et, à mesure qu'elles renaissaient en moi, je me recomposais. Et, dans ce même temps, une part de moi vivait avec Diane, dans les années 1950 à New York.

Je le comprenais enfin : moi qui ne cessais d'affirmer que de livre en livre je luttais contre l'oubli, toutes ces dernières années je n'avais en réalité cessé de m'enfoncer dans l'oubli de celle que j'étais. À chercher à toute force à m'extraire de mon histoire, j'avais perdu celle que j'avais été. Grâce à la présence violente, vivante, de Diane Arbus, je reprenais possession de moi. Je repoussais les terres désertiques et destructrices de l'oubli. Je me retrouvais.

Je ne me racontais plus d'histoires. Je retrouvais mon histoire.

Il a sonné chez moi. J'habite depuis quelques semaines une petite chambre sous les toits, au septième étage d'un immeuble parisien. Pour y accéder, il faut monter les sept étages à pied par ce qu'on appelle dans les immeubles haussmanniens l'« escalier de service », puis parcourir un long couloir sombre, toujours désert. La joie, chaque fois, lorsque j'ouvre la porte : je suis chez moi.

Je l'attendais.

Hier, il m'a raccompagnée dans le froid de l'hiver jusqu'au parking de mon école, dans le Val-d'Oise. Nous nous sommes serrés pour la première fois l'un contre l'autre. Nous n'avons pas échangé un mot.

Mon corps me fait peur. Mon corps depuis quelques années me fait de plus en plus peur. Je ne sais pas vivre avec lui. Je ne le connais pas. Il m'est étranger. Je n'aime pas qu'on me touche.

J'ouvre la porte. Il se tient dans l'embrasure. Un long moment nous nous regardons. Ses yeux sont brillants, il ne dit rien. Il entre chez moi. Dans ma petite chambre au toit mansardé où personne jamais n'est venu depuis que je l'habite. Il n'est pas très grand, il a une démarche de félin. Il me prend dans ses bras sans un mot. Il m'embrasse. Il caresse mon visage.

Tu es belle.

J'aime alors la gravité de son visage. Je tremble, j'aime l'embrasser, je l'embrasse encore.

Tout ce que j'éprouve depuis toujours se passe dans mon cœur, pas dans mon corps. Mon corps vit séparé de moi. Depuis toujours il en a été ainsi, sauf pour la peur : la peur, elle, depuis que je suis au monde, entre dans mon corps. La peur sait prendre possession de mon corps tout entier. Petite fille, elle entrait sous ma peau, jusque dans mes os, au plus profond de moi, je la sentais, elle me faisait devenir maigre et froide et parfois me faisait tout à coup transpirer. J'avais alors le visage en sueur, mon cœur battait violemment, je m'allongeais sur le petit tapis rose et blanc de ma chambre.

Dans la pièce, il n'y a place que pour une petite étagère en bois sur laquelle j'ai choisi de poser quelques livres, et mon lit. C'est un matelas posé à même le sol. Le garçon m'y entraîne, sans un mot, en me prenant par la main. Il m'embrasse encore.

Mais pour le reste : les émotions, les sensations – mon corps se ferme. Même au cinéma, lorsque je vois un film qui m'émeut, je ne peux pas pleurer. J'aimerais tant, mais je ne peux pas. Je sens dans ma gorge une boule qui à mesure que le film progresse devient grosse puis énorme, et me fait mal, me fait mal, m'enserre, m'ampute du reste de mon corps. Je ne pleure pas. Je suis assise devant le film, sèche et froide.

Sur le lit il continue à m'embrasser, il caresse mon visage, mon cou, il dégrafe mon chemisier. Sa main est très douce, je n'ai pas peur de sa main. Les mains des autres garçons, je ne les ai pas aimées. Sa main à lui, chaude et aimante, m'est moins étrangère que mon propre corps.

Sa main caresse mon corps. Elle n'a pas peur de mon corps comme j'en ai peur, moi. Elle caresse mes seins, elle caresse mon ventre, longuement elle caresse.

Le jour où j'ai eu pour la première fois mes règles, ma mère m'a dit : Ça y est, tu les as. Elle m'a tendu une serviette. Et ça a été tout. J'ai détesté le sang qui a commencé à couler, qui chaque mois revenait, qui coulait abondamment. Je n'aimais pas l'odeur du sang, je n'aimais pas me réveiller le matin et voir tant de sang entre mes cuisses, je n'aimais pas que ma mère ne me dise rien, je n'aimais pas être si seule avec tout ce sang.

Puis, la main descend. Bas, très bas. Sous la main mon ventre n'en finit pas. Je ne savais pas qu'il était si vaste. La main du garçon me fait sentir que j'ai un ventre, un grand ventre qui n'en finit pas. Elle s'attarde. Partout : sur la peau douce du ventre, dans les creux de l'aine, sur l'os dur des hanches.

Tu es belle.

Je ferme les yeux.

Tout de suite, j'ai essayé de mettre des tampons, mais je n'y arrivais pas. Je n'arrivais pas à mettre des tampons. Je connaissais si mal mon corps que, jeune fille, je ne pouvais mettre des tampons. Je devais faire avec ces serviettes pleines de sang qui me dégoûtaient de moi-même. Je restais seule avec ce dégoût de moi-même. Chez moi, personne, jamais, ne parlait du corps. Le corps n'existait pas. Il n'existait que lorsqu'il était malade, on s'empressait alors de le soigner, à doses d'antibiotiques ou d'infusions à la camomille. Le reste du temps, le corps n'existait pas. Le corps ressemblait à la honte.

La main du garçon caresse, explore, étreint. Elle vagabonde doucement. Soudain je la sens sur mon sexe. Elle se replie sur mon sexe. Elle se referme sur lui. Elle le caresse, elle caresse mes lèvres. Je garde les yeux fermés, ça ne ressemble à rien de ce que j'ai jamais éprouvé, avec les autres garçons mon corps demeurait dur et froid, là sous la main aimante quelque chose en moi cède et s'affaisse et je deviens liquide, la chaleur emplit mon sexe et mon ventre et j'ai la sensation de tomber au ralenti dans quelque chose d'extrêmement moelleux, oui je tombe au ralenti et mon corps tombe avec moi, ensemble lui et moi nous tombons, ensemble pour la première fois agrippés l'un à l'autre mon corps et moi tombons, la bouche du garçon embrasse mon sexe, sa main le caresse, sa langue le lèche et je deviens de plus en plus mouillée, et quelque chose s'ouvre dans mon ventre, une fleur qui se déploie et grandit à mesure que je deviens brûlante et j'aime ça, j'aime ça, je ne dis rien et le garçon non plus, ce que nous nous disons sans mots est plus vaste que tous les mots, ce que nous nous disons sans mots nous rend, le garçon, mon corps et moi à jamais unis, et je deviens de plus en plus ouverte, je deviens la fleur même de mon ventre, je tombe de plus en plus profond, là où je tombe c'est la nuit, une nuit dont je ne connaissais rien, une nuit qui ressemble à un embrasement, je tombe et je voudrais aller jusqu'au bout de ma chute mais je ne sais pas si elle va finir, je tombe et j'aimerais qu'elle finisse et qu'elle ne finisse jamais, je tombe, je tombe, sous la langue du garçon je tombe, sous son silence je tombe, je ne suis plus qu'une fleur, une fleur géante, une fleur monstrueuse, je tombe, je tombe, je tombe.

Jamais mes parents n'ont parlé de contraception à la maison. Jamais mes parents n'ont parlé du sida. Jamais mes parents n'ont parlé du corps. Tous ces longs bouleversements du corps à l'adolescence, à la maison n'existaient pas. Peut-être étais-je la seule au monde à vivre ces bouleversements ? Peut-être étais-je la seule au monde à ne pas connaître mon corps ? À ne pas savoir vivre avec lui ? À mon tour j'ai eu honte. Je me demandais si je saurais un jour ne plus être étrangère à mon propre corps. J'ai commencé à avoir de plus en plus peur de lui.

La fleur est devenue si grande, si ouverte, qu'elle m'a recouverte tout entière et engloutie sous ses pétales. Je me suis laissé engloutir, je me suis laissé disparaître.

J'ai voulu connaître mon corps, me le rendre moins étranger. J'ai décidé de très peu manger et d'observer ce que ma décision allait provoquer. Tous les matins je me pesais, j'ai perdu plus de sept kilos en quatre semaines, je me suis aperçue avec jouissance et effroi que je pouvais prendre le contrôle sur mon corps : ainsi, il m'appartenait. Personne à la maison ne m'a dit que j'avais maigri.

J'ai disparu.

Le frère de ma mère est mort du sida.

Je me souviens qu'ensuite nous sommes restés longtemps au lit, couchés l'un contre l'autre, le garçon ne disait rien, moi non plus, nous étions heureux.

Parfois, c'était lorsque j'étais allongée sur mon lit et que je rêvassais : soudain elle était là. Je la voyais.

Elle marche dans Central Park. Elle est seule. Elle est très jeune encore, une très jeune femme. Elle porte cette jupe à carreaux et ce chemisier blanc que j'ai déjà vus sur elle, sur une photo, et elle marche très lentement. Elle regarde autour d'elle. Elle regarde les arbres, elle regarde les visages, elle regarde le ciel, elle regarde la lumière. Elle regarde.

Depuis que tu aimes, tu *vois* le monde. Comment dire ça simplement ? Tu vois le monde enfin. Tu vois comme chaque chose est *unique*. Cet arbre, son feuillage. Cet autre arbre. La lumière qui le traverse. Depuis la grande crise de 1929, le parc est à l'abandon, les pelouses ne sont plus entretenues, l'ancien réservoir du Belvédère est devenu un bidonville, et toi tu regardes tout, tu as soif de tout regarder, d'entrer, par ton regard, à l'intérieur des choses, à l'intérieur du monde. Découvrir que la splendeur vient de ce que chaque chose est unique et dans son unicité se plante en toi comme la lame d'un couteau. Ainsi, de chose en chose, d'être en être, le monde est devenu si plein depuis qu'Allan est là. Il n'y a qu'à lui que tu peux le dire. Demain, tu le lui diras. Tu le lui as déjà dit. Mais tu le lui rediras. Il doit le savoir, encore et encore. Vous devez le savoir ensemble. Regarder le monde ensemble. Entrer à l'intérieur du monde ensemble. Vivre le monde ensemble. Aller vers ce que vous ne connaissez pas ensemble.

Tu regardes les autres aussi. Surtout les autres. Celles et ceux que tu croises. Ces visages, ces regards, ces démarches, ces corps, tous si familiers et si différents. Comment chacun peut-il être si différent ? Comment chacun peut-il être à ce point unique ? Tu aimerais entrer à l'intérieur de chacun plus encore. Connaître sa vie intérieure. Est-ce qu'on ressemble à ce qu'on est ? Est-ce qu'on est ce à quoi on ressemble ? Qui est cette femme élégante qui passe à côté de toi en tenant en laisse un caniche ? Qui est-elle *vraiment* ? Qui est-elle derrière le maquillage, le manteau chic, le brushing, le fier sourire ? Qui est-elle à nu ? Tu aimerais tant saisir le cœur des êtres, le cœur des choses. Ça aussi, il faudra le dire à Allan. Tu dis tout à Allan. Allan t'a ouvert le monde : il t'a regardée, il t'a aimée, en t'aimant il t'a fait entrer dans le monde. En t'aimant il t'a fait tomber dans le monde. Tu ne savais pas qu'être regardée pouvait rendre vivant. Pendant si longtemps tu t'es tenue de l'autre côté. Là où ça ne vivait pas. Là où tout était figé. Là où tout était comme un décor glacé de carton-pâte où tu aurais pu rester des années encore, toute ta vie peut-être. Lorsque tu penses à ça, l'épouvante te glace le corps. Tu aurais pu vivre morte. Maintenant que tu le sais, il faut rattraper le temps. Tu donnes à Allan tout ce que tu vois. Tout ce que tu découvres. Tout ce que tu éprouves, et qui se plante dans ta chair et te déchire doucement.

Tu continues à avancer très lentement dans ce parc dans lequel tu es si souvent venue te promener depuis que tu es née. Mais c'est à peine si tu te souviens des promenades du temps d'avant : elles appartiennent à un autre monde désormais. Un monde qui s'est recroquevillé comme un tas de feuilles mortes, dans lequel tu ne veux plus jamais retourner. Tu l'as laissé derrière toi. Tu aimerais que ce ne soit plus ton histoire, tu aimerais que ce pan-là de ta vie soit hors de toi, arraché à toi, même si, au fond, tu sais bien que ça t'appartiendra toujours. Tu sais bien que ça te constitue. Tu sais bien que ça te collera à la peau toute ta vie, comme une mince pellicule de colle transparente – il n'y a que toi qui la sens, il n'y a que toi que ça rend dingue. Mais ce temps-là est fini. Lorsque tu essaies de te souvenir du temps d'avant – et c'est pourtant si proche, cela remonte à deux, trois ans à peine – tu ne te souviens plus très bien. Tout t'apparaît très flou. Tu as tellement oublié déjà de cette histoire-là, où tu étais en vie mais n'étais pas vivante. Il y a tant à vivre à présent. Il y a tant à découvrir. Tout ce que tu ne connais pas encore, et qui t'attire tant. Aller vers ce qu'on ne connaît pas : quoi de plus excitant ?

Je ferme les yeux pour mieux te voir. Tu es là. Tu marches plus vite maintenant. Oui, tu accélères le pas. Ton cœur cogne en toi. Tout t'étreint le cœur. C'est un sentiment de joie, mais pourquoi cela te fait-il souffrir aussi ? Comment la joie peut-elle faire souffrir ? Qu'est-ce qui te fait souffrir ? Ça, tu ne le comprends pas. Tu en as parlé parfois à Allan, tu lui as dit que la beauté des êtres et des choses déchirait quelque chose en toi, tout au fond de toi, tu as pleuré en le lui disant, tu avais honte de le lui dire – avouer cela, n'était-ce pas avouer quelque chose de toi qui avait à voir avec la mort, la destruction ? Et tu aurais tant aimé qu'il comprenne pourquoi. Tant aimé qu'il te donne une explication – mais lui non plus n'avait pas de réponse. Vous n'aviez de réponse ni l'un ni l'autre. Il te regardait pleurer et malgré son amour immense ne trouvait rien à te dire.

Je te regardais pleurer et quelque chose m'envahissait et je savais que ce n'était plus toi. Non, ce n'est pas toi qui marches dans Central Park en 1945, c'est moi, qui ai vingt-deux ans, comme toi, qui écris mon premier livre. Le jour, la nuit, j'écris. Nous sommes en 1995 et j'habite dans une toute petite chambre au-dessus de l'appartement de mes parents et le dimanche je vais me promener dans le parc de Saint-Cloud. J'y vais tôt le matin, lorsque la lumière est encore rasante et qu'il n'y a personne dans les allées. Le matin, si tôt après la nuit, le ciel est comme lavé. J'ai besoin de respirer. J'ai besoin de voir les feuillages des arbres dans la lumière. J'ai l'impression qu'en moi aussi, les feuillages se balancent. En moi aussi, la vie se balance. Avant, jamais je ne pouvais *éprouver* la vie en moi. Avant, j'étais toujours en dehors. Tout était fermé. Il n'y avait pas d'accès, je ne trouvais pas d'accès. Je butais, sans cesse, je butais. Depuis que j'écris, quelque chose a cédé, je peux entrer à l'intérieur des choses. J'ai trouvé un chemin qui m'y menait. À l'intérieur des feuilles, des arbres, du ciel. Parfois j'écris et je m'interromps, et pendant quelques instants il me semble que je pourrais *être* ces feuilles, ces arbres, ce ciel. Oui, si je restais immobile très longtemps, infiniment longtemps, si je ne bougeais plus, je finirais par me fondre dans ce qui existe autour de moi, je finirais par me fondre dans ce que je regarde, dans ce que je sens. Je deviendrais feuille, arbre, ciel. Je deviendrais une part du monde. J'aime sentir ça. Quand je sens ça, je me sens tellement en paix… Depuis que j'écris, je n'ai plus peur de devenir folle.

Ça sent bon. Dieu, comme ça sent bon. Je ne me souviens pas qu'avant… Lorsque j'essaie de me rappeler, je n'ai aucun souvenir d'odeurs me bouleversant à ce point. Si, il y a eu ce matin de juin, lorsque j'étais ressortie dans les rues de Paris avec maman, après mon hépatite. J'étais petite encore. Ce matin-là j'avais senti combien l'air avait une odeur, et une texture physique. Je me souviens si bien de ce jour… Ensuite, à nouveau j'avais oublié. À nouveau j'avais sombré dans ce qui n'avait pas d'odeur, pas de texture. Comment avais-je pu *oublier* ? Oh non, je ne veux pas repenser à avant, à ce temps long et figé où je n'avais rien choisi. Ne pas penser non plus à celle que j'aurais dû devenir, ça me terrifie...

À cette heure matinale, le parc est désert. J'aime être seule quand je viens me promener ici. Je n'aimerais pas venir accompagnée, il faudrait parler, ça me couperait du monde. J'aime ne pas parler. Ne pas parler, c'est comme écrire : c'est rejoindre les mots dans le silence. Les déterrer, ça me rend vivante. Comme lorsque je me promène seule dans ce parc, et que je sens tout si vivant en moi, si violemment vivant, si violemment vivant que j'ai envie de pleurer, si violemment vivant que c'en est une jouissance. Un jour, il faudra que j'écrive tout ça. Il faudra aussi que je trouve les mots pour dire ces moments où je me promène dans le parc le matin. Je sais qu'il n'y a qu'en écrivant que je pourrai dire ce que c'est que se promener le matin dans le parc et sentir la vie battre en soi et autour de soi. Il n'y a qu'en écrivant que je pourrai dire tout en restant à l'intérieur des choses. Il n'y a qu'en écrivant que je ne triche pas. Que je reste la même que moi.

Je vais rentrer, reprendre mon livre. Je regarde encore une fois autour : tout est si beau que ça déchire quelque chose en moi. Comme une très légère entaille sous ma peau. Je ne sais pas ce que c'est. Ça me donne envie de pleurer. Pourquoi est-ce que je pleure ? Est-ce pareil pour tous ? Ou est-ce moi, quelque chose en moi, qui ne peut pas supporter toute cette beauté ? Qui ne peut pas *recevoir* tout ça ?

J'aimerais comprendre. Cela ne changerait rien, sans doute, mais ça me consolerait peut-être de quelque chose. Quelque chose qui est là, tout au fond de moi. Je ne sais pas quoi exactement. Je le sens, là, tout au fond d'un grand lac qui dort en moi.

Quand j'écris, je plonge dans ce lac. Ce grand lac noir. Je vais à la recherche de quelque chose. Mais c'est loin, c'est si loin. J'ai peur, parfois, de ne pas pouvoir l'atteindre un jour.

Oui, ce soir d'hiver 2012, je revivais le bonheur qui avait afflué en moi, qui m'avait irriguée tout entière lors de ces six premiers mois d'écriture. J'en retrouvais la chaleur, l'excitation. Dans la toute petite chambre au-dessus de l'appartement de mes parents que j'avais faite mienne, dans ce XVIe arrondissement que je ne fuyais pas encore, dans lequel j'étais capable de me promener sans éprouver d'aversion, j'écrivais mon premier livre et je découvrais un monde. Un monde constitué de mes mots, de ma voix, de ma langue.

Diane Arbus aussi était en mouvement. M'obsédait cette photo d'elle, cet autoportrait qui figurait parmi les premières photographies que j'avais vues lors de l'exposition. Il date de 1945. Diane a vingt-deux ans. Elle est presque nue, ne porte qu'une culotte en coton. Elle se tient debout, en appui sur la jambe droite, le corps légèrement déséquilibré. Sa main gauche est repliée sous ses seins et repose sur son ventre. Elle est enceinte. De la main droite, elle tient l'appareil avec lequel elle se photographie. Sa tête est penchée sur le côté. Elle regarde droit devant elle, l'expression de son visage frappe par sa gravité, sa densité. Elle est là, entièrement là en cet instant, debout, enceinte, presque nue, dans une chambre – on aperçoit, derrière elle, le pan d'un lit.

Ce qui se dégage de cette photo, c'est la grâce : Diane est belle, son corps est celui d'une femme bientôt mère, elle est très jeune. J'étais fascinée par son visage, qui exprimait quelque chose d'étonnamment pur. Diane, sur cette photo, m'évoque une promesse. Promesse d'une vie à accomplir : celle qu'elle s'est choisie, une vie de photographe, promesse d'une vie à donner. C'est la photo d'un commencement. Devant elle, je vois du temps, je vois de la détermination, je vois du désir.

Cette photo me bouleversait. Je la voulais chez moi, je voulais pouvoir la regarder aussi longuement et aussi souvent que je le désirais.

Je l'ai si souvent, si longuement regardée.

Nous sortions d'espaces emmurés, et notre énergie était immense. Et la force de ce mouvement d'extraction devenait notre moteur, nous propulsant, elle dans la photographie, moi dans l'écriture.

Dans ma petite chambre, j'écrivais dix heures par jour. J'allais à la recherche de ma propre voix. Jusqu'alors, je l'avais seulement sentie cogner au-dedans de moi. Avec d'infinies précautions, j'essayais de l'extraire hors de moi, de la porter au-dehors : d'en faire un livre.

Diane, qui à quatorze ans s'était laissé entièrement saisir par l'amour, avait été capable de dire non à ses parents, de tout quitter sans se retourner pour vivre cet amour, reçoit son premier appareil photo en 1941. C'est Allan qui le lui offre. Diane, alors, ne connaît rien à la photographie. Elle découvre. Elle apprend. Lisette Model, son premier professeur, l'exhorte à écouter son désir. À s'approcher au plus près de l'inconnu, de l'étrange, du tabou. De tout ce qui lui fait peur.

Alors, Diane avance vers les frontières interdites, son appareil photo à la main. Elle commence à éprouver le monde en photographiant. New York, Central Park, Coney Island deviennent son territoire d'exploration. Elle pense secrètement qu'ils lui appartiennent.

Ce que j'aime surtout, c'est aller où je n'ai jamais été avant.

Nous aurions pu ne jamais sortir de cette enfance-là, de ce chemin-là. Nous aurions pu continuer en ligne droite et mener une tout autre vie. Nous aurions pu continuer à nous sentir emmurées vivantes.

J'avance, mot après mot, là où c'est sombre et recouvert de silence. *J'ai beaucoup photographié les personnages de foire. Cela m'a toujours formidable-*

ment exaltée. Ils me font éprouver un mélange de honte et de terreur. Je ne sais jamais, le matin, ce que l'écriture va faire advenir, où elle va m'emporter – *presque chaque jour surgit un nouvel émerveillement* et je sais que je n'irai jamais au bout. Il n'y a pas de bout. Il faudra toujours chercher à aller plus loin, à s'enfoncer davantage. Et j'aime tant ça : cette sensation que le désir ne s'épuisera jamais. Rien n'est plus vaste que l'humain. *Chaque individu est différent, et veut des choses différentes, et sait des choses différentes, et aime des choses différentes. C'est ce que j'aime tant : la différence, l'unicité de toute chose et l'importance de la vie.* Je découvre ce que je fais en le faisant. Ça pourrait être effrayant, mais je n'ai pas peur : l'écriture me rend forte. Puisqu'elle me permet de pénétrer la vie, et de l'explorer, et de l'éprouver. *Je n'ai jamais peur quand je regarde le verre dépoli. Une personne pourrait s'avancer vers moi avec un revolver, j'aurais les yeux collés au viseur et ce serait comme si je ne pouvais pas être vulnérable.* J'écris à tâtons. Je ne sais pas où je vais. Mais à chaque livre, quelque chose cède en moi, et je me rapproche un peu plus de moi. Je sens que c'est le bon chemin. Mon chemin. *La chose importante à savoir est qu'on ne sait jamais rien.*

L'écriture était, dans le corps, dans la tête, une lente déflagration.

Assise sur mon canapé noir, au cours de cet hiver 2012, je retrouvais la lumière de ces six premiers mois d'écriture. Mon corps se réchauffait. Je me revoyais montant très vite les six étages qui me conduisaient à ma chambre, le cœur battant comme si j'allais à un rendez-vous. Je m'enfermais, fuyant le dehors : c'était au-dedans que je me sentais comme un oiseau, libre. À l'intérieur de ma chambre, le temps ne se déroulait plus de la même manière – il se dilatait. Je m'asseyais à ma petite table, j'attrapais mon cahier noir. J'écrivais au stylo bille. Mon texte regorgeait de métaphores poétiques que je maniais avec maladresse, mais la langue poétique me semblait la seule à même de pouvoir traduire ce que je voulais exprimer. Je découvrais la lenteur de l'écriture. Je découvrais la musique de l'écriture. Je découvrais la jouissance de l'écriture.

Lorsque je sortais, le bruit, la rapidité, la brutalité du monde m'agressaient. J'avais peur de me faire renverser par une voiture. Je marchais très lentement, j'écoutais la musique qui vibrait en moi, les phrases qui continuaient à s'écrire, sans que je sache précisément d'où elles venaient ni où elles me portaient. J'avais la sensation de voler.

Les mots s'écrivaient, je les découvrais. C'était celle que j'étais qui commençait à s'écrire, et que je reconnaissais enfin. C'était celle que j'étais qui commençait à exister. J'avançais vers les territoires interdits : ceux situés de l'autre côté des convenances, des masques, des décors parfaits. J'avançais, mot après mot, vers le vivant.

Nos quêtes s'entrelaçaient, se confondaient. Et à mesure que je comprenais ce qu'avait été sa vie, et que les vingt dernières années de ma propre vie affluaient à moi, exhumant d'une nébuleuse des instants, des images, des points de bascule, qui parce que je les revivais se renouaient à mon présent, tout s'accélérait, tout s'accélérait : le film passait désormais de plus en plus vite devant mes yeux.

Il passait de plus en plus vite.

Il se rapprochait de moi, à toute vitesse.

C'est un jour d'hiver, un après-midi de semaine. Je me suis mariée quelques mois plus tôt. Nous habitons dans le IXe arrondissement, au cœur du quartier juif. La vie à deux commence à peine.

Ma mère m'a appelée la veille, elle a demandé à me voir.

Ma mère passe rarement me voir.

Ma mère ne passe jamais me voir.

Ou bien, elle vient parfois dîner avec mon père, dans notre petit appartement plein de lumière, au plancher en pente qui fait rire nos amis lorsqu'ils viennent nous rendre visite. Ces soirs-là ils arrivent tous les deux, souriants, ma mère maquillée, du bleu sur les paupières, belle.

J'entends ses pas dans l'escalier. Les marches, anciennes, sont inégales et glissantes.

J'entends qu'elle monte très lentement.

J'ouvre la porte.

Je ne me souviens pas des quelques secondes entre le moment où j'ouvre la porte et celui où nous nous retrouvons assises dans le salon, autour de la table ronde en bois sombre et lisse. Sommes-nous restées silencieuses ? Ma mère m'a-t-elle demandé comment j'allais ? Lui ai-je proposé un thé ?

On n'entend pas un bruit dans l'immeuble. Le visage de ma mère est pris dans la lumière. Tout son visage, saisi de lumière.

Mais est-ce que je me souviens bien ? Y avait-il du soleil cet après-midi-là ? Ou bien est-ce moi, tant d'années après, qui invente la lumière sur son visage ? J'ai perdu des images qui auraient dû rester à jamais dans mon cœur.

Elle est assise, à quelques centimètres de moi, sur la chaise en fer forgé.

Elle est assise, je pourrais la toucher.

Aujourd'hui encore, en fermant les yeux, si j'étends mon bras, il me semble oh oui, il me semble que je pourrais la toucher.

Ma mère ouvre la bouche, je vois ses lèvres bouger. Je regarde son visage, je regarde sa mâchoire, je regarde ses yeux, je regarde la lumière qui fonce dans ses yeux. La phrase met un temps fou à parvenir à mon cerveau. Elle se diffracte en de multiples directions avant d'éclater dans mon cerveau.

Elle cogne tous les murs de la pièce avant de cogner ma tête.

Avant de cogner mon cœur.

Laurence, j'ai une cochonnerie au cerveau. Je ne vais pas m'en sortir.

Elle dit : cochonnerie. C'est ce terme-là, exactement, qu'elle emploie.

À ce moment-là, je peux encore la toucher. Je peux encore la regarder. Je peux encore sentir son odeur.

Je peux encore entendre sa voix.

Elle est là.

Elle est là.

Aujourd'hui, plus de dix ans après, si j'essaie de retrouver la voix de ma mère, je la retrouve dans une phrase. C'est toujours la même phrase : c'est dans cette phrase que la voix de ma mère ne s'est pas éteinte dans ma mémoire. C'est dans cette phrase que je n'ai pas encore perdu la voix de ma mère.

C'est une phrase prononcée ce même après-midi, après que la vague nous a entièrement recouvertes elle et moi et nous a fait rouler, rouler dans tous les sens. Lorsque nous sommes redevenues immobiles, roulées.

Je lui demande si elle a pris plusieurs avis, je lui dis qu'on ne sait jamais, que peut-être.

Je triche.

Et alors elle me dit : Mais enfin, ma chérie.

Mais enfin, ma chérie.

Il aurait pu se faire que toute ma vie, il n'y ait plus qu'une seule phrase qui résonne dans ma tête. Il aurait pu se faire que je ne garde le langage que pour une seule et même phrase. Que je perde la mémoire, que j'oublie tous les mots, que j'erre dans la nuit, la voix de ma mère me disant me redisant à l'infini :

Mais enfin ma chérie.

Ma mère se lève. Elle reprend son manteau. Je ne vois plus de lumière sur son visage, je vois que son visage a rétréci. Elle dit : J'ai peur de prendre le métro. J'ai peur de tomber dans le métro.

J'entends ma mère dire qu'elle a peur et je sens ma peur glisser hors de moi, s'en aller rejoindre la peur de ma mère, l'étreindre en silence.

Je lui propose de la raccompagner jusque dans le grand appartement du XVIe arrondissement. Elle répond non. Elle répond qu'il faut désormais qu'elle s'habitue à la peur.

Je la regarde étendre le bras pour enfiler son manteau. Passer le bras droit dans la manche bleu marine, effectuer une légère torsion, plonger l'autre bras dans l'autre manche.

Je l'entends descendre très lentement les marches anciennes et glissantes et inégales de mon immeuble.

Je guette le bruit de ses pas.

Ça dure longtemps. Très longtemps.

Le bruit de ses pas dans l'escalier aux marches inégales et glissantes.

Le bruit de ses pas qui se perd.

Une nuit, pendant ce long hiver 2012, j'ai fait ce rêve. Nous étions tous autour d'une table, nous partagions un repas très joyeux. Il y avait là ma mère étrangement coiffée d'un turban que je ne lui avais jamais vu et qui riait de son rire sonore, elle discutait avec mon amie Victoria, Victoria aux yeux de chat, radieuse, qui avait retrouvé toute sa beauté d'avant la maladie. À côté d'elle, ma grand-mère italienne, toute pimpante et le visage juvénile, parlant fort et expliquant son secret, la recette des pêches farcies. Elle disait aussi qu'il ne fallait jamais tasser le café dans les cafetières italiennes, jamais, autrement le café avait un goût amer. Elle ne cessait de répéter ça, redressant son index et ouvrant de grands yeux, c'était une des choses les plus importantes au monde soudain, et nous étions tous si heureux de l'apprendre enfin. Assis près d'elle, mon oncle Gérard gesticulait et nous faisait nous tordre de rire en mimant des scènes de la vie de notre famille italienne. Il les refaisait tous, imitant les voix, les gestes, les attitudes des cousins, des nonni, de la zia, du zio. Nous nous mettions tout à coup à parler en italien et Gérard se levait et chantait des chansons. Tout le monde riait. À un moment, Diane Arbus nous rejoignait, elle arrivait en volant par-dessus la table, habillée d'une robe longue légère et très élégante, fendue sur le côté, je la regardais s'asseoir et prendre part à la conversation avec beaucoup d'aisance, comme si elle n'avait manqué aucun épisode, s'adressant à tous. Elle aussi était si gaie. Je me souviens que dans mon rêve, je ne cessais de m'étonner : « Enfin, elle a pu se reposer. »

Dans mon rêve, je *ressentais* combien nous étions heureux autour de cette table. Nos peaux, nos corps, nos voix. Tout était si harmonieux.

Depuis que Diane Arbus était entrée dans ma vie, mes morts eux aussi n'avaient jamais été aussi vivants.

Elle photographie des adolescents qui ressemblent à de vieux adultes et des vieillards qui semblent en enfance. Elle photographie des bébés qui ont quelque chose de fané et des femmes qui ont un air de petites filles. Elle photographie des hommes nus voulant se faire femmes et des femmes qu'on prendrait pour des hommes. Elle photographie des travestis seuls chez eux ou enlacés dansant ensemble. Elle photographie des jumeaux, des jumelles, des triplés, des quintuplés, chacun unique. Elle photographie une femme assise sur son canapé berçant un bébé singe, trois Lilliputiens dans un salon new-yorkais, un nain mexicain dans sa chambre d'hôtel, un géant juif aux côtés de ses parents dans leur appartement du Bronx. Elle photographie des femmes très riches couvertes de bijoux, des hommes et des femmes de la haute société dans des bals masqués, un couple âgé se tournant le dos sur le banc d'un square. Un hermaphrodite et son chien dans une roulotte, des danseuses aux seins nus dans leur loge, un couple de vieux déguisés en roi et reine, une vieille femme masquée dans un fauteuil roulant. Elle photographie un albinos avaleur de sabres dans une fête foraine, un enfant grimaçant tenant une grenade en plastique dans Central Park, un homme dansant avec une femme le dépassant de trois têtes. Elle photographie des hommes et des femmes dans un camp naturiste assis sur leur canapé ou posant en pleine nature avec pour seule parure des lunettes de soleil en forme de cygnes.

Elle photographie des malades mentaux qui rient, qui rient, qui ont l'air heureux, libres.

Après la mort de ma mère, j'ai regardé le monde autrement.

Ce qui l'obsédait : faire tomber les masques, saisir ce que chacun est de l'autre côté du rideau des apparences. Elle cherchait l'autre. Elle disait de son appareil photo qu'il était son passeport. Celui qui lui permettait de franchir les frontières, d'aller vers ceux qu'elle voulait connaître, connaître intimement : ceux dont elle voulait atteindre *la vie intérieure*.

Ma mère, qui vivait depuis 1978 dans cet arrondissement bourgeois où l'on allait à la messe le dimanche et où l'on prônait des valeurs de générosité, de respect, de fraternité, depuis qu'elle avait arrêté son travail de recherche à l'Institut Pasteur n'avait eu de cesse de s'investir dans la vie du quartier, donnant de son temps, de son énergie : dans les différentes écoles où nous allions, ma sœur, mon frère et moi, à la paroisse, auprès de ceux qu'elle connaissait, qui habitaient non loin.

Elle photographie et moi, assise sur mon canapé noir, je regarde ses photos, je regarde ces visages et ces corps. Chaque visage, ou presque, fixe frontalement l'objectif. Chaque visage m'aspire à l'intérieur de lui-même. J'ai la sensation qu'elle me donne des yeux pour voir. Elle me donne d'autres yeux.

Lorsque ma mère est tombée malade, et qu'au même moment mon père, condamné par la justice pour corruption, a dû effectuer sa peine, travaillant le jour et dormant le soir dans un centre de semi-liberté, les mêmes personnes de ce même quartier se sont détournées d'elle : dans l'immense appartement du XVIe arrondissement, elles ne sont pas venues la voir. Ma mère était devenue celle dont la vie brutalement avait basculé : dans la maladie et dans « ce qu'on ne peut pas raconter ».

Chacun est rendu à lui-même, unique, fixant tranquillement l'objectif, et rien ne semble jamais embarrassant, rien ne semble jamais anormal ou honteux : qu'y a-t-il de plus normal qu'être là, saisi en cet instant de vie tel que l'on est, femme-homme, homme-femme, retardé mental, nain, géant, albinos, nu ?

La terre ferme s'est fendillée, puis ouverte, ouverte, jusqu'à éclater. J'ai compris ce que je ne savais auparavant que mentalement : pour l'avoir lu dans des livres, vu dans des films – mais qu'est-ce que cela a à voir avec ce que chaque parcelle de peau, brutalement, comprend ?

J'ai compris qu'il y a ce que les gens paraissent, et ce qu'ils sont. Et que ces deux mondes-là, parfois, sont parfaitement disjoints. S'obstiner à toute force à en chercher le trait d'union vous fait tomber dans des trous noirs.

Sur les photos des très riches, uniquement sur elles, je perçois le jugement de Diane. Je perçois sa propre histoire, son propre rejet. C'est si près de moi. À nouveau c'est elle, c'est moi. Laquelle de nos histoires se reflète ainsi ? Je ne sais plus, je nous confonds, je confonds nos histoires. Je passe des heures à regarder ces clichés, je ne peux détacher mes yeux de ce monde que je connais de l'intérieur, ce monde que je veux engloutir au plus profond de ma mémoire. Je fixe les visages, les sourires figés, le grotesque de l'assurance, des certitudes. La solitude si particulière, si terrifiante, de ces gens-là. Il n'y a que sur ces photos que je me demande si ces gens-là ne sont pas anormaux, s'ils ne sont pas complètement dingues. Que reste-t-il d'eux derrière tous leurs masques ? Quelle réalité ? Quel cœur battant ?

Après la mort de ma mère, je n'ai plus pu me rendre dans le XVIe arrondissement de Paris. Je n'ai plus pu me promener sur les trottoirs bordés de marronniers de mon enfance. À l'intérieur de ce territoire interdit, une rue a fait l'objet d'un traitement particulier : l'avenue d'Eylau. J'ai tiré dessus à bout portant, avec toute ma violence, toute ma précision, tout mon chagrin.

L'avenue d'Eylau a été rayée de ma carte. Elle a cessé d'exister.

Je finis toujours par m'arracher aux photos des très riches et je bascule dans la dernière série, celle que Diane a faite juste avant sa mort, appelée *Untitled*, et quel nom en effet aurait pu la contenir ? Je regarde ces femmes et ces hommes, malades mentaux, dansant dans la nature, faisant la ronde en se tenant la main, riant à corps déployé, se roulant dans l'herbe sous des ciels immenses et doux. Je les regarde pouffant de rire alors qu'ils sont déguisés, ouvrant les bras comme si leur corps entier s'ouvrait, marchant en procession dans la campagne en se donnant la main, regardant droit devant eux. Où s'en vont-ils ? Je crois voir que dans leur élan, quelque chose commence, et finit dans le même temps. La lumière est claire, si claire, comme si Diane l'avait captée de l'intérieur, comme elle a su capter de l'intérieur l'allégresse de ces hommes et de ces femmes, enfermés dans un asile de fous.

Au cours de cet hiver 2012, après être allée voir un spectacle au musée Guimet, place d'Iéna, après y avoir pensé pendant toute la durée de la représentation au point que je ne regardais rien de ce qui se passait sur scène, effrayée à l'avance de ce que je m'apprêtais à faire et ne pouvant pourtant y renoncer, comme entraînée malgré moi, hypnotiquement, au lieu de rentrer chez moi j'ai remonté l'avenue du Président-Wilson, je me suis retrouvée place du Trocadéro, j'ai traversé l'avenue Kleber, l'avenue Raymond-Poincaré, j'ai longé le Café du Trocadéro, je me suis engagée dans l'avenue d'Eylau, d'abord dans sa partie large puis dans sa partie étroite, j'ai avancé jusqu'au numéro 24.

Je me suis arrêtée sous les fenêtres du 24. Non pas sur le trottoir, mais au beau milieu de la rue.

Oh comme elle était loin cette promenade avec ta gouvernante où tu ne pouvais pas aller « là-bas ». Combien de masques à faire tomber, de frontières à traverser, d'inconnu à explorer, combien de tous ces pas qui chaque fois rendent un peu plus libre, avant de parvenir à eux, avant de *voir* leur joie ?

Les volets étaient ouverts, la lumière de mon ancienne chambre éteinte, celle du salon allumée. Sur mon balcon, il n'y avait pas de rosier.

Je regarde les photographies de cette dernière série et défilent en arrière-plan d'autres images, je *vois* Diane accomplissant année après année son travail de photographe, cherchant ses sujets, mettant les pieds sur des territoires inconnus, s'aventurant toujours plus loin, expérimentant, risquant, cherchant, traversant les unes après les autres toutes ces frontières. Oui, je la *vois* gravissant son chemin de crête, montant de plus en plus haut, de plus en plus seule. Je la vois, je la sens cheminer, là, tout près, au-dessus de moi.

Là, dans la rue, sous la fenêtre de la chambre de mon enfance, j'ai eu le corps entier, les pieds, les jambes, le ventre, les mains, les bras, la poitrine, le cou, le visage, secoué de sanglots.

Et je n'ai besoin de rien alors pour me sentir, moi, ombre parmi les ombres, gravissant mon propre chemin, traversant des frontières, traversant des nuits, expérimentant, cherchant, risquant.

Le corps entier secoué de sanglots je suis restée là. Je ne me suis pas enfuie. Cet hiver 2012, douze ans après la mort de ma mère, pour la première fois j'étais revenue sous les fenêtres de l'appartement de mon enfance. Diane, Diane, montre-moi encore le chemin.

Cette nuit, mon éditeur mort il y a quelques mois a fait irruption dans ma chambre. Je dormais. Lui d'ordinaire souple et silencieux comme un chat a fait un vacarme épouvantable en déboulant au pied de mon lit. Je me suis dressée d'un coup : il était debout, en face de moi. Il se tenait là, souriant, vêtu de son éternelle tenue, jeans et chemise bleue. J'ai senti mes yeux s'agrandir jusqu'à mon front, ma bouche. Je ne pouvais pas prononcer le moindre mot, faire le moindre geste.

Je le regardais. J'ai réalisé soudain qu'il me parlait. Sa voix n'avait pas changé. Elle n'était ni altérée, ni différente : c'était celle que je lui avais toujours connue. Je me suis efforcée de me concentrer sur ses paroles : il avait quelque chose à me dire, quelque chose d'important. Il parlait tranquillement, si tranquillement, comme si nous nous étions quittés la veille. Je me suis surprise à hocher la tête.

Écoute, Laurence, je suis revenu pour te dire d'arrêter avec tout ça, tes doutes, d'accord ? Tout est toujours avec toi si… Enfin, sois un peu plus légère ! Tu vois bien que tu es en train de l'écrire, ce livre, tu le fais, ce livre, tu y es dedans, jusqu'au cou. Alors, arrête d'avoir peur et de penser que tu ne vas pas le terminer ! Tu continues, page après page, et tu le finis, d'accord ? C'est pas plus compliqué que ça : page après page. C'est comme ça qu'on arrive au bout de tous les livres. On a fait pas mal de livres ensemble, tu n'as plus besoin que je sois derrière ton épaule en permanence… Je te l'avais dit que je n'étais pas une mère.

J'acquiesçais. Aucun son ne pouvait sortir de ma gorge, mais je sentais ma tête faire de petits hochements. Je l'écoutais. Je l'écoutais de toutes mes forces.

Je compte sur toi, Laurence. Tu sais, la peur empêche d'écrire.

Il m'a souri. Son regard était plus clair que jamais. Son sourire était bon, il me faisait du bien. J'ai voulu le lui rendre. C'est à ce moment-là que je me suis aperçue qu'il n'était plus dans la chambre.

Moi aussi, j'ai voulu passer des frontières. Faire tomber des cloisons.

En 2001, je donne naissance à une petite fille, quelques mois après la mort de ma mère. Je suis propulsée, tout à la fois, dans la perte de celle qui m'a donné la vie et dans la vie de celle que je mets au monde. Je suis propulsée, tout à la fois, dans l'absence et la présence.

Entre absence et présence, je voudrais faire le grand écart mais je n'y arrive pas. J'ai beau m'écarteler, j'ai beau me disjoindre, je ne peux être à la fois dans l'absence irrémédiable et la présence si neuve. Je me disloque.

À force de me disloquer je finis par apprendre qu'absence et présence se fondent l'une dans l'autre. La vie se charge de pulvériser certaines cloisons.

J'écris un livre sur une femme accusée d'avoir tué son enfant. Je veux connaître cette femme que je ne connaissais pas lorsque j'ai commencé le livre. Je veux entrer à l'intérieur d'elle, aller au plus profond de ce qu'elle est. Connaître sa solitude, l'explorer jusqu'au bout. Je veux faire sauter, une à une, les barrières de la vie qui tient. Cheminer, avec Léa, jusqu'au bout de son effondrement.

Pendant un an et demi je me bats avec la vie disloquée en moi, pendant un an et demi je me bats avec mon livre. Mot après mot, je m'approche au plus près de Léa, au plus près de son désespoir. Je m'enfonce en elle comme je m'enfoncerais dans un long tunnel, au bout duquel il n'y a aucune lumière.

À la fin du livre, au bout du tunnel, je découvre un halo de lumière. L'écriture fait tomber des cloisons à terre.

Le livre est publié. On me demande, sur un ton pointu : Avez-vous rencontré des femmes infanticides ? Avez-vous lu des livres sur l'infanticide ? Vous êtes-vous plongée dans des études sur l'infanticide ?

On me dit, d'une voix désolée : À vous voir, si souriante, si douce, on se demande, vraiment. On se demande d'où ça vous vient, ce genre d'histoires. Vous ne voulez pas écrire des histoires plus gaies ? Plus joyeuses ? Sur la vie, quoi, vous voyez ?

On me dit, d'un air guilleret : Ça alors, je suis tout étonné, je m'attendais à rencontrer une femme austère, dure, tout habillée de noir. Je ne m'attendais pas à une jeune femme comme vous.

Au début, j'essaie d'expliquer : Je n'ai fait aucune recherche, je n'ai lu aucun livre, je n'ai rencontré aucune femme infanticide. J'essaie de dire que Léa, c'est la solitude en nous. Nos gouffres. Ceux au bord desquels on se tient parfois, ceux dans lesquels on pourrait tomber.

Je dis : Je pourrais être à la place de Léa.

Je dis : Vous aussi, peut-être, vous pourriez être à sa place.

J'explique : Vous ne vous voyez pas en train de tomber ? Jamais ? Vous ne sentez pas combien la terre ferme peut, d'un coup, devenir meuble ?

Mais, peu à peu, devant le silence, je ne dis plus rien. Je n'essaie plus d'expliquer. Je comprends qu'on a tous dans la tête des cloisons différentes.

Je me demande si celles qui existent pour moi existent aussi chez les autres.

La chambre est presque vide, la chambre a un air de désolation : un lit, un petit tableau accroché à un mur, un autre, plus grand, posé à même le sol. Rien d'autre.

Elle est blonde, les cheveux mi-longs. Elle ne doit pas avoir trente ans. Elle est étendue sur le lit, une jambe allongée, l'autre recroquevillée contre elle. À côté d'elle, un cendrier rempli de mégots, un paquet de cigarettes, un briquet. Elle porte un manteau court à poils longs sur de simples collants noirs. Elle a la tête penchée, une main derrière la nuque comme pour se soutenir, pour s'empêcher de tomber. Elle paraît immensément lasse, immensément seule. Beaucoup de noir autour des yeux. Elle fixe l'objectif. Elle ne sourit pas. Elle paraît même sur le point de pleurer.

À chaque livre, je retrouvais sans le savoir la chambre de mon enfance. Je descendais en moi, j'allais à la rencontre de tout ce que je ne savais pas nommer. Aujourd'hui, je descends encore, je descends, je rencontre ma douleur, ma folie, ma peur, ma violence, ma joie, ma petitesse, ma force, ma précarité, ma difformité, mon enfance, ma vieillesse, mon langage, mon impudeur, mon envie de vivre, mon envie d'en finir, je rencontre celle que je suis en mille morceaux et j'essaie, chaque fois, de nommer, pour ne pas demeurer engloutie dans mes propres fonds.

Plus je descends, plus je sais que c'est là, tout au fond, qu'il faut chercher, remuer la vase : cette vase, c'est tout ce que je suis. C'est moi vivante.

Je le fais très lentement. Je me coule en moi.

Je me rassemble.

Je regarde tes photos. Les jumelles, le géant juif, les travestis, les naturistes, les très riches, les danseuses aux seins nus, les hermaphrodites, les nains, les enfants vieux, les triplés, les malades mentaux, la vieille fille au singe, les adolescents. Je les regarde tous, longuement. Je sens ton regard, qui voulait aller au plus profond de chacun. Je me demande si toi aussi, lorsque tu approchais le viseur, lorsque tu entrais dans ce que chacun était, lorsque tu les comprenais dans toute leur singularité – tu te rassemblais.

L'hiver 2012 allait bientôt laisser place au printemps. Je vivais avec Diane en moi depuis près de six mois. De ma fenêtre, je voyais les arbres se couvrir de bourgeons. La lumière changeait, elle devenait plus douce, plus enveloppante.

Un matin, j'ai à nouveau déchiré les quelques pages que j'avais péniblement écrites au cours des dernières semaines. Cette fois-là, j'ai pensé que sans doute plus jamais je ne pourrais écrire de livre. Je n'avais pas encore quarante ans, et j'avais le sentiment de ne plus pouvoir. Et pourtant, je savais que je n'étais pas arrivée au bout. Simplement, je ne pouvais plus *faire*.

J'ai repris le livre qui retraçait la chronologie de Diane. Je suis allée directement aux années 1962, 1963. J'avais besoin d'entendre Diane, entendre ses mots, entendre sa voix au même âge. Comment était-ce d'être à l'orée de ses quarante ans en 1962 à New York, lorsqu'on est une femme, une mère, une artiste, et qu'on se bat pour faire de sa vie le chemin qui nous ressemble ?

Je lis tout, tout ce que je possède de Diane de ces deux années-là, et ce que je lis, ce que j'entends me donne le vertige : « Je suis morose et j'ai peur. » Puis, à propos de son changement d'objectif (elle est passée du 6x6 au 35 mm) : « Le seul résultat tangible jusqu'à présent, c'est que je n'arrive pas à prendre la moindre photo. » Et aussi : « Je suis devenue terriblement obsédée par la netteté. »

Diane, de qui parles-tu ? De quel découragement, de quelle peur, de quelle incapacité à créer ? De quelle obsession pour la précision ? Quelques lignes plus loin, je lis que tu as entrepris de photographier les enfants des classes privilégiées, et tu déclares : « Je suis décidée à aller jusqu'en haut, même si je pense que je suis plus mal à l'aise qu'en bas. » Je poursuis et je lis : « Des soirées sont prévues, des vies s'écroulent et tout le monde est charmant », et tu es si près de moi, Diane, percutant mon présent de ce qui fut ton propre présent en 1962. Puis, encore : « Je me sens bien mais un peu précaire. Je veux dire, tout dépend de la façon dont je regarde les choses, et il y a de mauvais moments où ça dépend beaucoup, beaucoup trop de la manière dont l'autre le perçoit, comme un funambule qui pourrait tomber si quelqu'un se mettait à crier, mais le fait de me serrer la ceinture a un côté grisant. » Ce que tu exprimes et la manière dont tu l'exprimes s'entrelace tant à ce que je ressens que bientôt j'éprouve une étrange griserie, je ne sais plus si ce sont tes mots à toi ou les miens, je ne sais plus si je lis quelque chose formulé en 1962 ou en 2012, je ne sais plus si je suis là-bas avec toi ou seule ici – à moins que nous ne soyons toutes les deux ensemble, maintenant. Enfin, dans une lettre de remerciement à propos de la Bourse Guggenheim que tu viens d'obtenir, alors que tu te débats avec les soucis d'argent, et que moi-même je viens d'apprendre que j'ai obtenu une bourse de création, tu écris : « C'est vertigineux », et je demeure avec ce mot-là, *vertigineux*, dont j'ignore s'il m'apaise ou me brûle. Oui, c'est vertigineux de lire ce que tu confiais, Diane, à ceux qui appartenaient au cercle de ta vie, à l'aube de tes quarante ans. En 1962, 1963 à New York.

Je n'ai aucune photo de toi à cet âge précis. La photo antérieure la plus proche date de 1957 : tu as trente-quatre ans, tu te tiens de profil, dans un cirque. Tu sembles ailleurs. Ton visage a perdu une part de la lumière qu'il irradiait dix ans plus tôt. La plus proche, postérieure, date de 1966. Tu as quarante-trois ans. Tu fais une série de photos d'un couple sur un canapé. Au début de la série, l'homme et la femme sont très légèrement vêtus. Au fur et à mesure des clichés, ils se déshabillent, ils s'embrassent, ils se caressent. Sur la cinquième photo de la série, c'est toi que l'on découvre nue sur le canapé, allongée sur l'homme, ton sexe sur sa jambe, ta tête sur son autre genou, le bras qui pend. Tu portes les cheveux courts, ce qui n'était pas le cas auparavant. Tu ne souris pas. Tu as l'air mélancolique, ou absente.

J'ai reposé le livre. Je me suis souvenue de cette sensation que j'avais eue en sortant du musée du Jeu de paume : ne pas savoir si, avec toi, l'eau était glacée ou brûlante. Se sentir simplement saisie, dans tout le corps. Saisie. Comme si un autre corps, un corps plein de chaleur, nous soulevait de terre, nous étreignait.

Toi aussi, à mon âge, tu traversais tout ça : difficultés financières, angoisses de création, rupture sociale. Revenant d'au-delà de la mort et me chuchotant à l'oreille celle que tu avais été, tu me murmurais que je n'étais pas seule.

Pourtant, ce jour-là, pour la première fois depuis que tu étais entrée dans ma vie, je me suis demandé si, tout en me portant, tu ne m'entraînais pas vers le fond.

J'ai regardé mon visage dans le miroir. J'ai touché ma peau, j'ai passé mon doigt sur mes joues, sur mon front, sous mes yeux, autour de ma bouche. J'ai fermé les yeux et les ai rouverts. J'ai à nouveau regardé mon visage. Je l'ai regardé longtemps, avec application, comme s'il s'agissait du visage d'une autre et je me suis demandé comment la vie l'avait transformé depuis l'éclat de mes vingt-deux ans. Je me suis demandé si on y voyait encore de la lumière.

C'est un jour d'août. J'ai trente-trois ans. La lumière est éclatante, si éclatante que j'ai du mal à ouvrir les yeux. Tout me paraît blanc autour de moi : les façades des immeubles, les trottoirs, les bancs, les troncs d'arbres. Même les feuillages me paraissent blancs.

Nous revenons de notre premier déjeuner ensemble. Je marche à côté de lui. C'est la première fois que nous marchons ainsi l'un à côté de l'autre.

Il n'est pas très grand. Il a une démarche de chat. Il fume une cigarette et il sourit en soufflant la fumée.

Il s'arrête près d'un kiosque : Attends-moi, je vais acheter *Le Monde*. C'est important les journaux.

Nous remontons la rue d'Assas. Paris est désert, nous passons près d'un porche sous lequel piaille une ribambelle d'oiseaux.

Il est devenu mon nouvel éditeur depuis quelques semaines. Il m'a accueillie.

Pendant le déjeuner, il m'a demandé si je pensais écrire toujours.

J'écrirai jusqu'au bout. Sans l'écriture, je ne serais plus là, j'ai dit en triturant la motte de beurre.

Il a hoché la tête en me regardant fixement. Puis, il a souri. Il a eu l'air joyeux. Il n'a rien répondu.

À son silence, j'ai su qu'il avait compris. Il n'y aurait plus besoin de rien dire de plus important.

Nous marchons très lentement, la rue d'Assas est silencieuse.

Aujourd'hui, quelques années après, c'est ça dont je me souviens : le blanc des rues, et leur silence. Comme si nous étions à la fois traversés, traversés de tout ce blanc, transpercés, et pourtant enveloppés.

Je marche lentement à côté de lui. Je sais qu'aujourd'hui quelque chose a commencé : désormais, il est là. Il sera toujours là. Je vais pouvoir écrire toute ma vie, librement. Je n'ai plus peur.

Ça aussi, je sais qu'il l'a compris. Il l'a senti. Pas besoin de le lui dire. C'est un éditeur qui n'aime pas trop qu'on dise les choses. Qu'on s'appesantisse.

J'avais la sensation que nos chairs se touchaient : je trouvais tant de résonances entre nos vies. Pas seulement dans nos vies d'artiste, mais aussi nos vies de femme, nos vies de mère. Reconstituer la cohérence de la vie de Diane m'apparaissait si aisé, moi qui avais le sentiment de ne plus parvenir à reconstituer la mienne. Grâce à Diane, soudain, les choses m'apparaissaient limpides : elle me donnait aussi des yeux pour *voir* ma vie, elle me l'offrait en miroir.

Diane et Allan, leur amour. Il avait traversé leur existence. Je lisais les lettres qu'elle avait écrites jusqu'au dernier mois de sa vie à Allan, bien après leur séparation.

Allan, qui l'avait sortie de l'irréalité de son enfance. Allan, qui lui offre en 1941 son premier appareil photo. Diane, alors, ne connaît rien à la photographie. Elle va apprendre. Ensemble, avec Allan, ils vont apprendre. Ils travaillent en collaboration, réalisant au début des photos de mode pour gagner de l'argent. Ils s'émerveillent de leurs premiers tirages. Puis, Allan encourage Diane à faire ses propres photos.

Ça revenait. Ça revenait de si loin, comme d'un autre temps.

Le soir où j'appelle G. d'une chambre d'hôtel à Lyon. J'ai une vingtaine d'années, nous ne sommes pas encore mariés. Je travaille en entreprise. Je suis « consultante en organisation ». Je gagne très bien ma vie. Je passe très bien à côté de ma vie. J'ai écrit deux romans que je n'ai pas réussi à faire publier. Ce soir-là, après ma journée de travail, j'appelle G. Je suis assise sur le lit, tournée vers le mur blanc. Ma voix épuisée, obstinée, martelant : Je ne peux plus continuer. Je perds mon temps, tout ça n'a aucun sens, je perds mon temps. La seule chose que je veux faire, la seule chose que je veux faire de toute ma vie, c'est écrire.

Assise sur mon canapé, je réentendais soudain la voix de G. au téléphone, sa voix qui m'avait répondu ce soir-là, si tranquillement : « Je comprends. Alors, arrête tout. Arrête tout, et écris. On se débrouillera. »

Allan est le père des deux filles de Diane, Doon et Amy. Ils se sont séparés lorsqu'elle avait trente-six ans. J'aime le savoir, peut-être parce que G. est le père de mes deux filles et que nous nous sommes séparés lorsque j'avais trente-six ans.

Lorsqu'ils mettront fin à leur partenariat, Allan n'aura de cesse d'aider Diane, chaque fois qu'il le pourra. Ils connaîtront tous les deux de très gros problèmes d'argent, et il lui en enverra parfois, lorsqu'il en aura lui-même un peu. En 1969, alors qu'il part vivre définitivement en Californie et partagera l'existence d'une autre femme, il aura à cœur de lui installer une chambre noire.

Parce que sa déflagration était aussi la nôtre, j'ai osé écrire en 2011 sur mon père, sa condamnation et sa peine de prison. Lorsque presque toute ma famille me déclarera la guerre à la parution du roman, G. aura été le seul (exception faite de ma grand-mère), alors que nous sommes séparés depuis deux ans, à oser affronter mon père : à lui écrire, à l'appeler, à tenter de lui faire entendre raison.

Après leur séparation, Diane et Allan se seront aimés autrement. Ils se seront aimés au-delà de tout cadre, de toute convention, restant plus proches que tout, jusqu'au dernier jour de la vie de Diane. Allan a été, toute sa vie, un roc pour Diane.

« Il y a toujours quelque chose que tu fais pour moi que personne au monde ne peut faire. Merci infiniment », lui écrit-elle en 1970.

« Ma seule et vraie famille, c'est toi », écrirai-je un jour à G., en pleine guerre familiale.

Et Allan, après la mort de Diane : « Dans notre façon d'affronter le monde, nous avons toujours été des alliés formidables. »

J'avais, depuis mon enfance, et bien plus encore dans ma vie de femme, donné de si multiples et changeantes définitions au verbe aimer. Chaque fois, il me semblait avoir enfin compris quelque chose puis, brutalement, la vie s'ouvrait de nouveau, m'apprenant que je n'avais rien compris.

La seule chose que je comprenais, peu à peu, c'est qu'on s'enfonce dans l'amour, toute la vie. Très jeune, on découvre quelque chose qu'on nomme amour, puis on s'enfonce, on s'enfonce. On n'en sort plus. C'est chaque fois plus vaste et différent. Chaque nouvelle expérience agrandit l'amour.

L'amour, la vie, l'art s'enchevêtrent et se répondent. Diane vit un amour passionnel avec Marvin Israël, peintre, graphiste, ancien directeur artistique du magazine *Seventeen*. Marvin, homme à femmes, marié, homme complexe et difficile, colérique, avait repéré Diane pour son talent. Il était très admiratif de son travail. L'inévitable sentiment de vulnérabilité qui en résultait pour Diane était au cœur de leur amour, au cœur de l'excitation et de la souffrance que Diane éprouvait.

L'amour, la vie, l'écriture s'enchevêtraient et se répondaient. Depuis ma séparation avec G., je cherchais un autre amour. J'avais cru le trouver. L'intensité de ma souffrance me renseignait, pensais-je, sur l'intensité de mon amour.

Qu'avait-elle trouvé ? Avec Marvin, qu'avait-elle trouvé ? Lorsqu'elle multipliait les expériences sexuelles, que cherchait-elle ?

Pour finir, qu'avais-je trouvé ? Le vide, le rien, à se faire exploser la tête contre les murs.

Avait-elle eu envie, elle aussi, de se faire exploser la tête contre un mur ?

Nous avancions en funambule, cherchant l'autre, et ce que nous étreignions et croyions enfin tenir entre les mains nous échappait soudain, disparaissant dans le vide. Que voulait dire aimer ?

Mais il y a l'envers du rien. L'envers du faux. Il y a Allan. L'amour avec Allan échappe au vide. L'amour avec Allan me fait l'effet d'une eau dans laquelle Diane aurait baigné toute sa vie depuis ses quatorze ans. Une eau douce, et bonne, que son corps et son cœur aimaient, reconnaissaient, à laquelle Diane revenait s'abreuver. Après leur séparation, les corps s'aiment autrement : autrement la chaleur, autrement le désir. Allan la comprend, Allan la connaît, Allan la *recueille*.

Je lisais leur amour, j'*entrais* dans leur amour, je le reconstituais, et derrière ces images qui me semblaient si proches, si évidentes, c'était un autre film que je me surprenais à reconstituer : celui de notre amour à G. et moi. J'avais cru, longtemps, qu'il s'agissait d'un vieux film. Un film qui n'appartenait plus à ma vie.

Les images remontaient à moi. Leur force, leur vérité. Le rapport cru et direct qu'avait G. à la vie. Son aversion pour les faux-semblants, les compromis, le sens des convenances. Sa rude sincérité. Ce qui s'était détaché de moi comme une peau morte revenait à moi et m'innervait. Ce qui me semblait appartenir à un autre temps se renouait à mon présent. Au cours de l'été 2012, je nous ai revus si souvent, G. et moi, dans le jardin de notre petite maison à B., dix ans plus tôt. Chaque fois que je nous revoyais, une lumière très douce inondait mon cœur et je cessais de tanguer. Il me semblait enfin pouvoir à nouveau tenir quelque chose entre les mains. Quelque chose de chaud, quelque chose de vivant. Quelque chose de *réel*, qui résistait au réel. Qui ne glisserait pas brutalement dans les fosses qui ne cessaient de s'ouvrir sous mes pieds.

Saisir, oh saisir, un être, un corps, un amour. Le serrer, l'étreindre, l'aimer, avant que tout ne disparaisse.

Oui, je pensais à G., à notre amour perdu, et j'avais envie qu'il s'ouvre à nouveau dans ma vie. J'avais tant perdu le réel.

Saisir, oh saisir, G. L'étreindre, l'aimer, avant que tout ne disparaisse.

Je lisais et relisais, obsessionnellement, les fragments qui me venaient d'elle : écrits, rêvés, formulés à New York dans les années 1960, 1970, ils me parvenaient en 2012 comme s'ils avaient aboli la ligne du temps afin de me viser, de m'accompagner à ce moment si particulier de mon existence.

Elle avait dit : « Je suis née tout en haut de l'échelle sociale, dans la bourgeoisie respectable. Mais, depuis, j'ai fait tout ce que j'ai pu pour dégringoler. » Elle avait dit *dégringoler*. Oui, elle avait prononcé ce mot qui parfois me venait sur le bout de la langue : j'avais divorcé et je vivais seule avec mes deux filles, je me réveillais parfois en pleine nuit à cause des problèmes d'argent et dans ma tête, dans le silence, je comptais et recomptais tout, poste par poste : la nourriture, l'école, les activités extrascolaires de mes enfants, les titres de transport, la mutuelle, les vêtements, je comptais et redivisais par le nombre de jours, je voulais savoir exactement combien d'euros je pouvais dépenser par jour si je voulais tenir encore ainsi, continuer à écrire tout en prenant soin de mes filles, et l'angoisse parfois de manquer d'argent me rendait malade, je ne remettais plus les pieds dans le quartier de mon enfance dont la seule évocation provoquait en moi une nausée irrépressible, j'avais rompu avec tout un tas de gens avec lesquels il me semblait faire de la figuration dans un décor de carton-pâte, refusant la plupart des invitations.

Mon enfance avait appartenu au cercle très fermé des privilégiés, et certainement mes parents, ma mère en particulier, dont les propres parents, eux, avaient été des immigrés italiens, arrivant sans un sou en France et ayant dû se battre pour accéder à une position sociale, oui, certainement ma mère, mais mon père aussi, qui n'avait cessé depuis son entrée dans l'âge adulte de gravir l'échelle sociale pour, depuis son accession à un poste à très haute responsabilité, finalement pénétrer et appartenir à ce cercle, ce dont il concevait de la fierté et même, selon toutes les apparences, du bonheur, oui, certainement mes parents avaient-ils en tête, comme une évidence, que je continuerais, moi la jeune femme accomplie qui avait fait de très bonnes études censées vous conduire à un poste grassement rémunéré, qui jouait au piano, au tennis, avait fait des années de danse classique, à tenir le rang. J'aurais fait un beau mariage comme on dit, nous aurions habité les beaux quartiers, nous aurions « fondé une famille » (ce mot « fonder », cette expression que j'avais si souvent entendue dans mon enfance, comme si on coulait ses enfants et nous avec dans du béton) et mené une vie agréable, nous aurions fait des dîners à la maison, eu une vie sociale, mondaine, nous serions restés quoi qu'il advienne un couple uni, nous désolant des annonces de divorces autour de nous, nous désolant pour les enfants de ces couples à qui ces hommes et ces femmes ne pensaient certainement pas pour en arriver à leur faire subir *ça*, et jamais, oh seigneur, jamais les problèmes d'argent ne nous auraient réveillés en pleine nuit.

Et, en 2011, en 2012, avant que je ne découvre les mots de Diane Arbus qui auraient pu être les miens, tandis que je luttais pour ne pas me laisser accabler par ce qui était devenu ma réalité et ne pas, dans les moments de trop grande faiblesse ou d'effroi, en éprouver de honte, pour garder à l'esprit, même lorsqu'on me regardait d'un air désolé, que c'était bien la voie que j'avais choisie et que je l'assumais pleinement, je n'avais peut-être pas un sou mais tous les choix et les ruptures que j'avais opérés, les uns après les autres, depuis des années, avaient un sens, correspondant profondément à celle que j'étais et ayant été, d'une manière ou d'une autre, dictés par l'écriture, ma seule véritable colonne vertébrale, oui, tandis que je luttais contre le regard social, contre les préjugés, lire soudain *qu'elle aussi avait suivi ce chemin-là*, si singulier, de descente sociale – on donne à entendre ou à lire, le plus souvent, tant de parcours inverses, où les êtres s'emploient de toute leur force à se hisser sur l'échelle sociale, et on fait comme si c'était ce chemin-là qui, de manière évidente, était la voie normale à viser – et qu'elle le revendiquait, non par pure provocation, mais parce que l'autre image du bonheur que l'on cherche à toute force à nous inculquer, celle d'afficher tous les critères de la réussite sociale, d'avoir de l'argent, de fréquenter un certain monde, de posséder, elle n'en voulait pas, *elle n'en voulait pas comme je n'en voulais pas, moi*, nous savions elle et moi comme tout ça était vain : nous avions eu la chance d'avoir baigné dans ce monde-là dès notre enfance et de savoir, intimement, que tous ces masques n'avaient rien à voir avec le bonheur que nous rechercherions un jour – si tant est que nous rechercherions le bonheur –, oui, lire cela, soudain, m'avait bouleversée.

Un soir, je me suis interrogée : avais-je voulu *dégringoler* ? J'avais voulu décrocher de ce monde. Ne plus en faire partie. Je n'avais pas voulu chuter : j'avais voulu être ailleurs, dans un monde choisi. Un monde constitué d'autres repères, d'autres valeurs.

À quelle catégorie sociale appartenais-je désormais ? Existait-il un terme pour la définir ? Je n'avais plus un sou mais je ne faisais pas partie non plus des défavorisés : je n'avais plus un sou mais je pouvais aller pendant les vacances avec mes enfants dans la grande et belle maison familiale de Nice, les organismes administratifs avaient du mal à me faire entrer dans leurs cases et je finissais la plupart du temps dans la catégorie « autre », pourtant je figurais désormais dans le *Who's who* cependant que je n'avais pas l'argent suffisant pour pouvoir m'offrir une seule édition (quatre cent soixante-seize euros) de ce livre déconcertant, je n'avais plus un sou et il fallait impérativement que j'obtienne une bourse pour l'année à venir mais j'étais parfois invitée, en tant qu'écrivain, dans des hôtels somptueux où je mettais, le soir, pour aller dîner, de belles robes, retrouvant ce que je connaissais, qui me collait à la peau.

Depuis l'année 2000 au cours de laquelle mon père avait dû purger une peine de prison après avoir été reconnu coupable de corruption et où, dans le même temps, en quelques mois, ma mère était morte d'une tumeur au cerveau, au cours de cette année durant laquelle tout s'était effondré comme un château de cartes, comme si rien de ce qui semblait tenir avant n'avait été ni vrai ni vivant, et où tous ou presque, dans ce quartier bien-pensant du XVIe arrondissement de Paris, s'étaient détournés de mon père et de ma mère comme si ces derniers n'avaient jamais été que des ombres, depuis cette année-là où m'étaient soudain apparues, en quelques jours, comme un puzzle qui s'était reconstitué devant mes yeux à toute vitesse, la fausseté et l'hypocrisie de ce milieu, je n'avais eu de cesse d'employer toute mon énergie à m'arracher à mon histoire. J'aurais voulu me persuader que je ne venais pas de là, que je n'avais pas grandi parmi ces gens-là, à l'intérieur de ces frontières-là, où l'on parlait avec ces intonations faussement chantantes. J'aurais voulu me dégager de ce qui me donnait désormais la nausée, j'aurais voulu m'arracher à moi-même.

M'arracher à mon enfance. M'arracher à mon histoire. La fuir, le plus loin possible.

J'avais honte de venir de là. De ce milieu dont les frontières me paraissaient étroites, rigides, artificielles.

J'avais honte de venir de ce milieu où l'on méprise celui qui ne vient pas du même monde que vous.

J'avais honte de venir de ce milieu à l'intérieur duquel on ne pouvait jamais apercevoir les vrais visages, seulement des masques. Et si par chance un masque un jour tombait, c'était un autre masque qui apparaissait. Toujours d'autres masques. Jamais la peau nue, les émotions nues. Cet attachement éperdu au sens des convenances.

Et, plus que tout peut-être, j'avais honte d'avoir honte : de quoi osais-je donc me plaindre, moi qui avais « tout eu », comme m'avait dit mon père après avoir lu mon dernier livre ?

Oui, jusqu'à ma découverte des mots de Diane Arbus, la honte d'avoir honte était si grande que je la terrais en moi, fermement, jusqu'à m'en étouffer.

Mais, à fuir ce que j'abhorrais, j'avais de plus en plus souvent la sensation d'être coupée en deux : on a beau croire qu'on fuit son passé, ses origines sociales, fussent-elles très modestes ou très aisées, ils restent pour toujours une part de nous. Et je le découvrais, ne serait-ce que par la nausée et la panique qui montaient en moi lorsque je n'avais pas le choix et qu'il me fallait me rendre dans le XVIe arrondissement que je n'étais plus capable de traverser sans éprouver la sensation de tomber en miettes, oui, dans ces moments-là, dans ce quartier-là, dans ces rues de mon enfance que j'avais tant de fois arpentées petite fille, soudain je n'avais plus de corps, je n'avais plus de peau, je me désagrégeais sur le trottoir, je me décomposais, je m'arrachais à moi-même, *je m'arrachais moi-même*, avec chaque fois cette envie irrépressible d'éclater en sanglots qui me prenait au corps, à la gorge, devant les gens qui passaient et dont je ne distinguais plus les visages tant ils se confondaient avec les ombres qui des années plus tôt avaient soudain disparu, et la violence en moi remontait, et le chagrin, et l'impuissance, et je pensais à ma mère, je revoyais son visage en pleine lumière, et une part de moi s'effondrait un peu plus sur le trottoir, il me fallait avancer et je ne savais plus ce qui en moi avançait, je ne voyais plus rien, je n'entendais plus rien, je n'avais plus d'âge, j'étais très vieille et toute petite, oui, tout ça me rappelait chaque fois que je n'avais aucunement réussi à me dégager de quoi que ce soit, c'était toujours là, dans ce puits sans fond, je venais de là et ça me poursuivrait toute ma vie.

Je commençais à peine à comprendre qu'être coupée en deux deviendrait de plus en plus mon histoire.

J'avais vécu coupée en deux, et je découvrais les mots de Diane Arbus. Je les lisais et les relisais, je les grattais, je m'en nourrissais. Si j'avais pu les mettre comme un onguent sur ma peau. Je découvrais cette carte postale qu'elle avait envoyée à son amant Marvin

Israël dans laquelle elle évoque l'héritage bourgeois qui était le leur à chacun : « Ça me fait rire dans les moments les plus inattendus de penser comme nos parents s'apprécieraient mutuellement », et se montre fascinée par la similitude de leur trajectoire : tous deux sont juifs, riches, bourgeois et de bonne famille, tous deux ont fui leur milieu d'origine en empruntant des chemins de traverse, avant de se rencontrer et de tomber dans les bras l'un de l'autre, comme un retour à la case départ. Et elle conclut : « Comme on dit dans les bandes dessinées : * ?!!$? Boinggg... » Elle en riait, elle en avait ri, j'entendais son rire, son grand éclat de rire, je m'en emplissais et je songeais : pourquoi ne ferais-je pas comme elle, pourquoi n'en rirais-je pas moi-même aussi, plutôt que d'en souffrir sans cesse comme si on m'avait planté un couteau dans le cœur ?

Elle est assise droite et raide sur une banquette ancienne tapissée. À côté d'elle, une table basse sur laquelle on a disposé un bouquet de fleurs, de l'autre côté un guéridon en marqueterie sur lequel reposent une lampe et une sculpture.

Elle porte autour du cou un collier de perles à cinq rangs, au poignet droit un bracelet de perles à quatre rangs, à l'autre un épais bracelet en or. À l'annulaire droit, un duo de perles, l'une grise, l'autre blanche, à l'annulaire gauche un énorme diamant. Aux oreilles, des boucles, également des perles blanches et grises. Robe très élégante, tout incrustée de fleurs d'or. Sa coiffure forme une imposante masse laquée.

Elle ne sourit pas, ses lèvres sont pincées. Tout dans son attitude (maintien, posture, regard, expression du visage) évoque la rigidité et la crispation. Il n'y a pas de chaleur. Elle est raide et froide. C'est une vieille dame qui n'a pas d'âge. Elle pourrait avoir été conservée ainsi depuis des années dans du formol.

Elle regarde ailleurs, dans le vide. Elle paraît de l'autre côté de quelque chose. De l'autre côté d'une bulle de verre.

Seule, là où personne ne risque de l'atteindre.

Je suis debout dans le grand salon jaune cela fait si longtemps que je n'étais pas revenue dans le grand salon jaune rien n'a changé le soleil baigne toute la pièce ma mère et mon père se tiennent là tous les deux devant moi très grands tous les deux vivants tous les deux j'ai de longues ailes blanches et soyeuses en plumes et je dois me hisser sur la pointe des pieds pour ne pas être trop petite face à eux qui sont si grands des géants me semble-t-il ils sont devenus des géants pendant toutes ces années je me hisse sur la pointe des pieds et je leur parle je leur parle beaucoup un flot intarissable qui sort de moi je leur raconte combien l'écriture me rend heureuse combien elle comble ma vie combien c'est l'aventure la plus époustouflante que j'ai jamais menée au fur et à mesure que je leur parle je ne sais pas si ce sont eux qui rapetissent ou moi qui grandis mais je parviens à leur hauteur je n'ai plus besoin de me mettre en déséquilibre sur la pointe des pieds je leur raconte le désir la recherche la joie et ils m'écoutent ils m'écoutent avec une attention extrême je vois le visage rayonnant de ma mère la lumière dans ses yeux la lumière sous sa peau la lumière qui la traverse tout entière je ne me souviens pas l'avoir jamais vue aussi belle je leur raconte que c'est comme un chemin un chemin que j'ai pris et dont je sais qu'il va m'emmener loin rien n'a jamais été aussi excitant mon père est très concentré de temps en temps il marque un petit hochement de tête et il sourit doucement les murs du salon tanguent légèrement comme si nous étions mes parents et moi partis pour un long voyage un long voyage en pleine mer tout en leur parlant je volette dans la pièce je touche les meubles la banquette en soie le piano noir le buffet provençal non rien n'a changé j'éprouve un si grand bonheur à leur raconter tout ça à le partager avec eux j'ai envie d'enserrer ma mère de mes plumes blanches l'étreindre caresser son grand cou lisse mais j'ai le temps il faut d'abord leur raconter raconter jusqu'au bout il y a tant à dire c'est la première fois que je leur parle d'écriture comment vais-je pouvoir tout leur raconter en une fois j'aimerais que le voyage ne s'arrête jamais oh comme nous sommes heureux tous les trois comme tout est si simple si vrai enfin mais soudain quelque chose se passe c'est d'abord imperceptible la lumière qui faiblit les murs qui cessent de tanguer mes parents qui redeviennent plus grands je dois lever la tête vers eux et ce qui était imperceptible devient plus marqué le grand salon jaune s'obscurcit il s'obscurcit de plus en plus ou est-ce moi qui ai un voile noir devant les yeux je regarde le visage de mes parents la lumière qui les traversait elle aussi s'est modifiée le visage de ma mère me semble se crisper et alors je sens la peur monter en moi monter dans mon corps monter le long de mes jambes monter dans mon ventre dans ma poitrine dans mes bras dans ma gorge j'ai peur de ne plus avoir le temps de tout leur dire j'ai peur de ne pas savoir pourquoi j'ai peur le visage de ma mère devient dur et mon père a détourné la tête je ne comprends pas ce qui se passe j'essaie de parler de plus en plus vite mais la peur est si grande qu'elle noie le son dans ma gorge le regard de ma mère se fait fixe sur moi noir sur moi énorme sur moi il m'absorbe tout entière je m'approche d'elle je veux lui prendre la main lui demander ce qui se passe et j'entends alors j'entends sa voix une voix caverneuse une voix que je ne reconnais pas ce n'est pas la voix de ma mère je me dis ce n'est pas sa voix j'entends cette voix qui me glace cette voix qui me tue qui me répète me répète à l'infini Regarde Laurence regarde ce que tu as fait avec tes livres regarde Laurence regarde ce que tu as fait avec tes livres regarde Laurence regarde ce que tu as fait avec tes livres et je dois m'enfuir la voix va me tuer mais je ne peux pas je ne peux plus bouger je ne peux plus voler je me rends compte soudain que mes ailes sont en toc mes ailes sont en plastique et je reste là coincée prise au piège dans le grand salon jaune de mon enfance le grand salon jaune devenu noir avec cognant dans ma tête cognant dans mon corps les mots de ma mère les mots de cette femme que je ne reconnais plus Regarde Laurence regarde ce que tu as fait avec tes livres.

L'été, les chaudes et longues journées pleines de lumière arrivaient. Un matin, alors que mes filles étaient en vacances et que je triais leurs vêtements dans leur chambre, mettant de côté ceux devenus trop petits, et que le soleil entrait dans l'appartement, baignant les murs, les pièces, le sol, chauffant ma peau, mon visage, ma gorge, j'ai eu soudain la sensation qu'elle était dans la pièce. Ce fut comme un glissement de l'air, une caresse.

Je ne me suis pas retournée. Je la sentais : elle était là.

Elle respirait doucement.

Elle me regardait.

Elle me regardait telle que j'étais, de dos, en jean et tee-shirt, pieds nus, seule et jouissant du soleil qui pénétrait ma peau, le ventre plein du manque de mes enfants, le ventre plein du manque de l'écriture. J'ai fermé les yeux.

Tu es là ?

Oui.

Tu es venue pour moi ?

Oui.

Tu parles ma langue ?

La langue des morts est la même que la langue des rêves.

Je ne voulais plus bouger, faire le moindre geste. Je voulais être dans cet instant avec elle, cet instant où je la sentais si réelle. L'être le plus intensément possible. À l'intérieur de moi tout doucement valdinguait. Il m'a semblé que quelque chose tombait à terre. Quelque chose de moi. Quelque chose de ma peau. J'ai eu peur de tomber. Je me suis adossée au piano. Je me sentais très fatiguée, et la présence de Diane brûlait quelque chose dans mon ventre.

Sa voix me parvenait à l'intérieur du corps.

Cette joie-là... tu ne la ressentirais pas s'il ne fallait pas tant chercher et avancer dans le noir. On le sait toi et moi. C'est notre manière d'avancer, nous ne saurons jamais faire autrement. Aller où on ne sait pas, aller où on a peur, alors même qu'on a si peur, comme si quelqu'un nous poussait dans le dos, nous poussait... Chercher, chercher toujours plus loin. Comprendre. Il y a tant encore à comprendre, à comprendre de l'intérieur. C'est sans fin.

Sa voix grave, qui résonnait sous ma peau. J'avais de la lumière plein la tête et chaud, très chaud. J'écoutais. J'écoutais de toutes mes forces.

Parfois, on croit qu'on est en train de tomber, mais on n'est pas en train de tomber. C'est l'obscurité qui s'est faite plus épaisse, et on a perdu la sensation de notre propre mouvement. Tu n'es pas en train de tomber.

J'écoutais sa voix se frayer un chemin en moi.

Soudain je me suis entendue lui parler. Ma voix aussi résonnait sous ma peau. C'était comme si nous étions elle et moi dans des fonds sous-marins, et que nous parlions à l'intérieur de ces fonds, ces fonds brûlants.

J'ai obtenu une bourse moi aussi. Je vais écrire avec des malades psychiatriques.

Merveilleux.

Je me demande de plus en plus ce que veut dire être normal. À l'intérieur de quelles limites est-on normal ? Et de l'autre côté de ces limites, qu'y a-t-il ? Que signifie n'être pas normal ? Est-ce être malade ? Est-ce être fou ? Est-ce être libre ? Moi qui t'entends, là, maintenant, en quoi ne suis-je pas normale ? Moi qui me sens souvent si près d'éclater en mille morceaux, en quoi ne suis-je pas normale ? En quoi étais-tu anormale ? Ma mère était-elle normale ? Ma mère qui disait quelques jours avant de mourir que nous n'étions pas une famille normale, était-elle normale ? Mes enfants sont-ils normaux ? Ai-je *envie* qu'ils soient normaux ?

Elle m'écoutait. Je le savais. Je le *sentais*. Je sentais la chaleur de son écoute.

Chacun est si différent. Si unique.

Comme si elle était derrière mon épaule.

Tes photos m'ont fait comprendre ce que je ressentais, et ne savais pas nommer : chaque fois qu'on comprend un autre, qu'on le comprend de l'intérieur, on grandit de ce qu'il est. On devient plus vaste. Ta série *Untitled* est si présente en moi. Leurs visages. Leur lumière. Le projet que j'ai présenté pour la bourse, il vient aussi de là.

Sa voix s'est étirée lentement jusqu'à moi : Ça a été long, tu sais, d'arriver jusqu'à eux.

La mienne s'est étirée plus lentement encore : Pour moi aussi, ça a été si long.

J'ai écouté nos deux voix résonner ensemble, se perdre ensemble dans les fonds brûlants. Je ne savais pas si sa présence m'emplissait de joie ou me déchirait. Il n'y avait plus de dehors ni de dedans. Mon corps contenait toute la pièce, mon corps contenait la présence de Diane Arbus, mon corps contenait mes sanglots et le réel.

Tu vas repartir ?

Les morts restent toujours là.

Ce n'est pas vrai. Il y a des morts que j'ai perdus pour toujours.

Tu verras.

Puis, soudain, comme une entaille dans l'air : Il n'y a rien que j'aimais plus que vivre.

Qui avait prononcé cette phrase ? Elle ? Moi ? Qui avait prononcé ces mots, qui percutaient ma tête, mon corps, dans cette chambre brûlante de soleil ?

Ces mots qui enflaient en moi, enflaient. Il n'y a rien que j'aimais plus que vivre.

Il n'y a rien que j'aimais plus que vivre.

Il n'y a rien que j'aimais plus que vivre.

Qui parlait en moi ? Elle, ou moi ?

Qui savait en elle, au plus profond d'elle, qu'il n'y a rien qu'elle aimait plus que vivre ?

Je me suis appuyée un peu plus fort au piano. Tout était violent de lumière. Noir, éblouissant. Il n'y a rien que j'aimais plus que vivre.

Lorsque j'ai rouvert les yeux, j'ai su qu'elle n'était plus là. La chambre était redevenue vide, j'étais seule à nouveau. Je tenais dans les mains un tee-shirt.

Ma mémoire semblait vouloir rattraper le temps perdu, elle me rendait des fragments de mon histoire, images surgies du lac noir. Des images, des instants continuaient à resurgir et ça ne s'arrêtait plus, comme un flot soudain rouvert et qui se déversait, et ça se bousculait, éclatant à n'importe quel moment, lorsque je me promenais, lorsque j'étais avec d'autres, lorsque je faisais les courses, lorsque j'étais chez moi. Chacun de ces instants me revenait aussi net, aussi coupant qu'une hallucination. Je ne me souvenais pas : je revivais.

C'est un soir d'hiver. Je vis seule avec mes filles depuis bientôt deux ans.

J'ai rendez-vous avec une amie. Nous nous connaissons depuis deux, trois ans à peine, mais dès que je l'ai rencontrée, elle est entrée dans ma vie : nous parlons la même langue. Elle est écrivain. Je lisais ses livres avant de la connaître. Je l'aimais dans ses livres. Maintenant, je l'aime dans la vie. Elle ne porte aucun masque. Elle est à peau nue. Parfois, je vois ses larmes. Parfois, je vois sa joie. Ce soir-là, elle m'a invitée à aller au théâtre. Nous allons voir une pièce de Jon Fosse, *Rêve d'automne*.

Dehors il vente, il fait froid, il fait glacé. En chemin, mon parapluie se retourne.

Dans mon cœur il fait glacé, il fait nuit noire.

Nous nous retrouvons dans le hall du théâtre. Je la vois fendre la foule, arriver vers moi, me sourire. Son sourire est chaud et lumineux. Elle est belle. Sa chaleur et sa lumière, frottées à la nuit de mon cœur, me donnent une brutale envie de pleurer.

Je lui souris. Je l'embrasse. Elle ne sait pas que dans mon cœur, c'est la nuit. Je ne lui ai rien dit. Les nuits, parfois, ne peuvent se dire. On est trop loin. Loin des autres, loin de soi, loin des mots. Il n'y a plus de sens. Le sens a coulé. Le sens a implosé.

Nous parlons un peu de nos vies juste avant que la représentation ne commence. Elle me demande : Tu as un amoureux ?

Je plante mon regard dans la nuque de la femme assise devant moi, je m'y retiens, je prononce Non je n'ai pas d'amoureux, de la manière la plus détachée possible, et j'entends l'asphyxie dans ma voix, le craquèlement dans mon corps. Mon corps, à cet instant, devenu une carcasse.

Je tourne la tête vers mon amie, je la regarde tranquillement, au-dedans de moi je piétine mon effroi, je tiens à distance la violence de mon chagrin. J'ai l'œil dans le viseur, prête à tirer dessus, prête à détruire pour quelques instants mon désespoir s'il osait se montrer. Je fais comme s'il n'était pas mien.

Non ce n'est pas moi qui chaque matin depuis plusieurs semaines le cœur transpercé me demande comment trouver la force de me lever.

Dès la première phrase prononcée par Pascal Greggory, dès les premiers mots adressés à Valeria Bruni-Tedeschi « Ah c'est toi » je suis happée, comme si mon corps entier se renversait sur scène. Assise à côté de mon amie immobile je suis renversée sur scène. Tour à tour je suis Pascal Greggory et je suis Valeria Bruni-Tedeschi, je suis leur cœur et leur corps brûlant, je suis leur histoire, leur passé et leur présent, leur amour mort et leur désir, je suis leur manque, leur douleur éternelle. C'est de moi, là, qu'on parle. C'est mon cœur qu'on presse et qu'on dissèque, qu'on dévoile en pleine lumière ce soir-là sur le plateau.

Chaque réplique entre dans ma chair et me renverse un peu plus sur scène.

Bientôt je ne suis plus renversée mais déployée de tout mon long, étalée sur le plateau, immense et minuscule, et c'est si bon d'être enfin à terre, nue, couchée, ouverte, et de ne plus rien cacher. Je pleure. Je pleure.

Je me nourris de chaque mot qui entre dans mon corps, là où quelques instants plus tôt il régnait un si grand chaos. Chaque phrase me recouvre et se déroule sur moi comme une longue caresse. Chaque phrase absorbe un peu de ma nuit. J'entends mon cœur qui bat.

Je ne sais pas combien de temps la représentation a duré.

Nous sortons. Dehors, il fait sombre. La tête me tourne. Il me faut réintégrer mon corps, réintégrer ses proportions exactes. Mon corps qui n'est plus une carcasse : rempli de souffle, de sang, de chair, il est redevenu un corps.

Comme dans un rêve je vois mon amie se retourner, se frayer à petits pas un chemin dans le hall, disparaître, revenir vers moi, me tendre un livre à la couverture blanche. J'entends sa voix : C'est pour toi.

Elle m'offre le texte de la pièce. Elle m'offre ces mots-là. Mon amie assise à côté de moi immobile pendant toute la représentation a senti qu'à côté d'elle je m'étais renversée de tout mon long. Je la serre dans mes bras, je la serre longuement. Sait-elle tout ce qu'elle vient de me donner ?

Je reste silencieuse. L'amour de l'amour, je ne sais plus très bien ce qu'il signifie, mais l'amour de l'amitié, je le ressens, ce soir, dans toute sa force. On est seul, mais sans l'autre, sans son regard, on serait à terre depuis longtemps.

Je ne sais comment cela a pu m'échapper pendant plusieurs mois. Pourtant, combien de fois avais-je lu et relu sa *Chronologie*, soulignant au crayon les multiples passages qui résonnaient si fortement avec ma vie que j'en perdais la notion de temps et d'espace. C'est en ouvrant le livre au hasard un matin, pendant l'été, que je me suis arrêtée sur ces lignes. Je les ai lues plusieurs fois. Je me suis demandé si *on* ne venait pas de les rajouter dans mon livre. Elles faisaient écho à quelque chose en moi, quelque chose que je sentais replié au plus profond de moi. Quoi, je ne le savais pas.

Nous sommes en 1965. Diane a quarante-deux ans. Le frère de Diane, Howard, vient de publier ses Mémoires, *Journal of the Fictive Life*, composé de fictions inachevées, de méditations sur l'écriture, de souvenirs d'enfance et de famille, de rêves et des interprétations qu'il en fait. Dans une lettre que Diane adresse à son frère, elle écrit : « [Ton livre] me frappe comme une sorte de contagion, pas exactement comme si c'était mon livre mais je reconnais presque tout ce qu'il contient, comme si j'en étais possédée. J'ai l'impression que nos rêves se nourrissent les uns les autres et indéfiniment comme les rameaux d'une branche, le livre se multiplie dans ma tête. J'ai cru à la fois en la culpabilité et en l'innocence de la photographie. »

Je reconnais presque tout ce qu'il contient, comme si j'en étais possédée. J'ai l'impression que nos rêves se nourrissent les uns les autres et indéfiniment.

Dans son livre, Howard écrit : « Diane est une photographe professionnelle dont les images sont spectaculaires, choquantes, dramatiques, et se concentrent sur des sujets pervers et étranges (monstres, travestis professionnels, culturistes, hommes tatoués, les enfants des très riches). » Il reconnaît également que sa critique de la photographie (il n'a jamais considéré la photographie comme un art à part entière, il aurait tant voulu que sa sœur devienne peintre), par rapport à l'écriture, pourrait être une sorte de parallèle à ses disputes d'enfant avec Diane, où ils se rejetaient mutuellement les fautes l'un sur l'autre. Il s'interroge sur ce qui préoccupait tant Diane : la relation entre l'image et la chose même, les questions d'authenticité et de fraude.

À cela, Diane répond : « La seule chose que j'ai prise pour moi, en ce sens que je me sentais pointée du doigt, est la liste de mes sujets photographiques qui ressemble à un catalogue cochon. Le dialogue silencieux que nous avons eu toute notre vie sur ces questions est d'autant plus extraordinaire par rapport à ce que nous pensons avoir entendu. »

Je reconnais presque tout ce qu'il contient, comme si j'en étais possédée. J'ai l'impression que nos rêves se nourrissent les uns les autres et indéfiniment.

Et j'ai su soudain, comme si un pan de tissu s'était déchiré : *le dialogue silencieux que nous avons eu toute notre vie* ma sœur et moi affleura ce matin d'été derrière les mots de Diane. Ce territoire-là, celui de ma sœur et moi, je m'interdisais de le parcourir en pensées depuis bien longtemps. Depuis l'enfance, tout avait été si fusionnel et si douloureux entre elle et moi. Elle était ma sœur aînée, le vaillant petit soldat, celle qui avait ouvert le chemin devant moi. Je me souvenais tout à coup de cette photo – où était-elle donc à présent ? Dans quelle caisse oubliée, dans quel tiroir de quelle maison ? Nous sommes très petites, deux ans sans doute pour moi, quatre pour elle. La photo est prise à la montagne, sur un haut plateau. J'ai un foulard sur la tête, un foulard qui paraît énorme sur ma tête si petite. J'ai l'air effrayée, ma sœur me tient serrée contre elle, elle m'enlace de ses deux bras, comme si elle savait mon effroi et voulait me protéger. Cette photo, pendant des années, fut l'un des très rares souvenirs qui me restaient de notre enfance commune à ma sœur et moi. Car, je ne savais pourquoi, *tout s'était effacé*. Tout s'était effacé, alors que nous n'avions que deux ans et demi de différence, avions pendant des années habité sous le même toit, passé nos vacances ensemble, et certainement tant de fois joué, ri, pleuré, couru ensemble. Certainement nous nous étions touchées, étreintes, disputées, tapées, nous avions partagé les mêmes repas, nous étions allées dans les mêmes écoles, nous avions fait en voiture les mêmes trajets, Paris-Nice tous les étés neuf cents kilomètres en pleine fournaise fenêtres fermées. Et je n'avais aucun souvenir de tout ça. Rien, il ne me restait rien. Aucune sensation, aucune image. Je me souvenais simplement que ma sœur était calme, du moins en apparence, elle ne hurlait pas à la maison, elle n'avait jamais fait sortir notre mère de ses gonds. Elle avait avancé avec discrétion mais obstination depuis toujours. Nous avions elle et moi pris depuis vingt ans des chemins différents mais parallèles : pour elle la musique, pour moi l'écriture. Elle aussi avait tout arrêté pour se consacrer à ce qu'elle aimait profondément. Elle ne faisait pas qu'interpréter, elle créait aussi des spectacles musicaux. Elle écrivait ces spectacles. Elle jouait. Elle se dévoilait sur scène.

Nous étions si proches et si dissemblables. Nous étions comme deux peaux d'une même chair qui si souvent ne pouvaient supporter de se retrouver au contact l'une de l'autre. Chaque mot parfois prononcé par moi la hérissait au plus haut point. Chaque parole qu'elle m'adressait parfois me brutalisait. Nous n'avions pas la même conception de nos métiers, de la prise de risque qu'ils impliquaient, de la liberté. Ma sœur avait une vie stable. Elle me parlait très peu, voire pas du tout de mes livres, parfois je ne savais pas si elle les avait lus, sauf pour mon quatrième livre, au sujet duquel elle m'avait appelée un soir, longuement, chaleureusement. En 2011, lors de la guerre familiale déclenchée par la publication de mon livre, elle s'était retirée du champ de bataille, passant en territoire neutre. Je sentais au plus profond de moi qu'elle avait tout compris à ma démarche, à la nécessité de mon livre, à la vérité qu'il avait représentée pour moi, mais face à la souffrance de mon père elle n'avait pas voulu prendre parti. *Je reconnais presque tout ce qu'il contient, comme si j'en étais possédée.* Mais, me disait-elle, un livre méritait-il tant de souffrance ? Un livre, même à ce point vital que je lui disais que j'en aurais crevé si je ne l'avais pas écrit, autorisait-il tant de souffrance ? Le jour où j'avais appris que ma sœur ne participait pas à l'assaut familial, ne me soutenant pas mais ne tentant rien contre moi, ce jour-là je me souviens de l'extraordinaire chaleur que j'avais ressentie. Et pendant les quelques jours qui avaient suivi, il s'était produit un phénomène étrange : des sensations de notre petite enfance commune étaient remontées en moi. Ça avait été physique, visuel, odorant, tactile : j'avais éprouvé, vu, senti, effleuré. J'avais eu le sentiment qu'on m'avait bandé les yeux et amenée dans un endroit où je pouvais revivre les choses. Oui, il m'avait semblé, pendant ces quelques jours, *ressentir* la chaleur du corps de ma sœur petite fille à mes côtés, moi aussi toute petite fille, entendre sa voix, éprouver sa présence, sa véritable présence. Je jouissais de ce passé retrouvé : elle était là, à côté de moi, je sentais son corps de petite fille à côté du mien. Je cherchais dans le noir à l'étreindre. Tout ce que j'avais perdu, et que j'avais eu si longtemps soif de retrouver, était là de nouveau. J'avais l'impression que cela m'emplissait les narines : c'était tellement là, que *ça* avait une odeur. Cela n'avait duré que quelques jours, comme une trouée magique dans le temps. Puis, comme si on avait soudain fait glisser à terre le bandeau avec lequel on avait recouvert mes yeux et qu'à nouveau je voyais, tout s'était refermé. Tout s'était effacé. Je n'avais plus eu accès à notre mémoire commune. J'avais songé que je n'y aurais sans doute plus jamais accès.

Le dialogue silencieux que nous avons eu toute notre vie. Je lisais et relisais les mots de Diane à son frère et une émotion intense me saisissait, j'entendais mes propres mots, ceux qui battaient au fond de moi et que je n'avais jamais osé prononcer car j'avais toujours manqué de courage face à la défaite qu'ils me semblaient alors acter, et je savais tout à coup ce que j'avais toujours su : ma sœur et moi nous comprenions depuis toujours mais à un tel palier de profondeur que l'amour et les mots ne parvenaient pas jusqu'à la surface. Tout restait enfoui. À la surface ça s'entrechoquait, ça se hérissait, ça se frictionnait. Elle me disait qu'en musique, jamais elle n'écrirait sur sa propre histoire. Je lui disais que ça viendrait, que ça viendrait forcément, qu'un jour elle serait amenée à s'y confronter. Qu'on était tous un jour amenés à se confronter à soi. Qu'on ne pouvait y échapper si on cherchait une vérité. Elle disait non. Elle parlait de respect, de protection. Elle disait L'autre, il faut penser à l'autre. Il faut penser à la violence que c'est pour l'autre. Je disais Le silence n'est-il pas plus violent ? Ne rien faire bouger n'est-il pas plus terrible ? Depuis des années nous ne cessions de nous dire que nous ne nous comprenions pas mais l'autre était sans doute celle qui nous comprenait le mieux. L'autre était peut-être celle qui faisait ce que la première ne faisait pas. Nous étions deux sœurs. Nous étions nées des mêmes corps. *Je reconnais presque tout ce qu'il contient, comme si j'en étais possédée.* Oui, bien sûr que je le savais, et depuis si longtemps, je m'en rendais compte à présent, qu'elle était sans doute celle qui me comprenait de la manière la plus intime. Elle comprenait ma peau, ses manques, ses grands froids – nous venions des mêmes silences. Je me suis demandé dans quelle mesure pour nous aussi nos œuvres respectives, pour elle ses spectacles musicaux, pour moi mes livres, se répondaient, s'entrechoquant, se frictionnant, s'étreignant. Dans quelle mesure ils constituaient, comme pour Diane et Howard, le prolongement de notre enfance, le prolongement de notre amour sororal.

Ce matin-là, j'ai rêvé qu'un jour j'appellerais ma sœur. Nous sortirions de nos profondeurs, nous remonterions à la surface, nous sentirions l'air sur nos visages, l'air sur notre peau, l'air entre nos corps. Nous entendrions enfin nos voix, non assourdies par les gouffres subaquatiques, mais claires, vivantes. Nous nous *parlerions*.

J'ai un tout petit appareil photo numérique, que j'utilise rarement. Mon frère me l'a offert lors d'un Noël. C'est un objet que je connais peu. Je le manie maladroitement. Je prends rarement des photos, même de mes enfants. Je n'y pense pas.

Sur plusieurs photos que j'ai d'elle, elle porte un appareil en bandoulière autour du cou. Je devine combien il était le prolongement de son propre corps. J'aime la regarder, imaginer les rapports qu'elle entretenait avec les appareils successifs qu'elle a eus au cours de sa vie. Ses yeux, ses mains, ses doigts devaient en connaître parfaitement les contours, les réglages, les secrets, les performances, les défaillances. Chacun a dû être objet d'amour, d'intimité, de rejet, de doute, d'exaspération, de révolte. Je peux sans peine me figurer ce rapport d'attente et de découragement.

Elle devait rêver, avec chacun, de pouvoir enfin saisir, avec la plus grande acuité, ce qu'elle voyait au travers des êtres, comme je rêve, avec chaque livre, de pouvoir enfin exprimer, avec la plus grande acuité, ce que je perçois au travers de l'être.

Diane, Diane, il n'y aura pas de fin à cette quête-là. Aucun appareil photo, aucun livre, ne pourra un jour nous conduire au bout de ce que nous cherchons. Ce sera toujours la mer à traverser, et des vagues, des vagues qui reviennent, des vagues sans fin.

Ton appareil photo en main, tu posais ton regard sur les frontières. La frontière du féminin-masculin, la frontière entre le monde de l'enfance et celui des adultes, la frontière entre la folie et l'équilibre mental, la frontière entre les pauvres et les riches. Tu les sondais, tu les faisais ployer. Tu voulais voir ce qui tenait. Ce qui, à la fin, tenait. Il n'y avait pas de limites à cette expérimentation : s'il fallait se coucher sur le canapé, nue, à la place de la femme, pour explorer plus intensément, pour vivre une part de ce que tu explorais, tu te couchais sur le canapé, nue, à la place de la femme. S'il fallait chercher pendant dix ans comment approcher le géant juif qui vivait avec ses parents dans le Bronx, tu remuais ciel et terre pendant dix ans. Tu te donnais tout entière à ce que tu cherchais. Tu ne te protégeais pas. Pourquoi aurait-il fallu se protéger ?

Des vagues qui reviennent, qui reviennent sans fin.

N'aie pas peur, me disait Jean-Marc, mon éditeur. N'aie pas peur. Un écrivain a tous les droits.

Le chemin, le long d'une corde invisible que je découvre à mesure que j'écris, est si long, si lent. Je ne peux pas tricher et sauter, faire de bonds en avant : il faut lentement faire s'affaisser ces frontières intérieures. Accepter la lenteur, autrement si je tente de lui résister, je recule : les frontières se reforment – sans abandon tout devient rigide. De livre en livre, je me dévoile un peu plus, j'explore ce qui est resté si longtemps caché. *Il m'a toujours semblé que la photographie a tendance à traiter de la réalité, alors que le cinéma tend plutôt à traiter de la fiction.* Un jour je bascule, je passe de la fiction au réel. J'essaie de voir ce que jusqu'à présent je ne voyais pas. Nommer, comprendre, ce qui s'est enfoui sous le silence. À quoi bon écrire si c'est pour arpenter les territoires connus ? À quoi bon écrire si on ne se jette pas dans le vide ? N'aie pas peur, me disait Jean-Marc.

Il savait combien ma peur était immense. Il savait combien tout en moi, si longtemps, avait été de la peur. Qu'elle avait été des années comme une seconde peau. *On me considérait toujours comme la plus téméraire mais je suis certaine que j'avais plus peur que les autres.* Il l'avait senti. Il savait que je venais de là, de ma peur. Une grande part de ma jouissance dans l'écriture provient de là : repousser ma propre peur. Je saute dans le vide et j'essaie de garder, jusqu'au bout, les yeux ouverts.

Des vagues qui reviennent, qui reviennent sans fin.

Ce n'est pas moi qui écris. Je ne sais pas d'où ça vient. Ça vient de quelque part en moi, ça jaillit. Ça s'écrit. *Ce n'est pas moi qui appuie sur le déclencheur. C'est l'image qui le fait. C'est comme un coup très doux.* C'est très doux, et très violent. C'est comme une longue secousse de tout le corps.

Je ne connais personne qui travaille à ce point en aveugle, sans plan, sans direction, sans rien savoir d'où il va, me disait Jean-Marc. Mais j'ai confiance. Je sais que tu finis toujours par arriver quelque part. « On a l'impression qu'elle sait exactement où elle va – jusque dans l'intérieur absolu de l'intérieur. Je n'ai jamais su si elle avait un plan, je veux dire un procédé ou une technique pour y arriver. Mais elle semblait toujours y arriver », disait ton amie Bunny Sellers.

La jouissance de se reconnaître soudain, de se sentir plus proche de soi que jamais, après avoir franchi des frontières qu'on n'avait encore jamais osé franchir. Là-bas, c'était nous. *Rien n'est jamais comme on a dit que ce serait. Ce que je reconnais, c'est ce que je n'ai jamais vu avant.*

Diane, Diane, il n'y aura pas de fin à cette quête-là.

Trente de tes photographies sont exposées en 1967 au Museum of Modern Art de New York. Nombre de visiteurs sont choqués. Certains crachent dessus. On t'accuse d'être une perverse. Les critiques, elles aussi, sont partagées. « Diane Arbus manifeste une sensibilité choquante à l'égard d'une strate humaine avec laquelle la plupart d'entre nous ont peu de contacts », écrit John Gruen dans le *World Journal Tribune.* « Il y a parfois une subtile suggestion de pathos, légèrement teinté çà et là d'un vague sens de l'humour », écrit Jacob Deschin dans *The New York Times.*

Lorsque je publie le livre dans lequel j'évoque la condamnation de mon père et la mort de ma mère, territoire si longtemps interdit d'écriture, on me dit : Tu as voulu faire de l'argent avec ce qui nous est arrivé. Tu as parlé de ce dont tu n'avais pas le droit de parler. Tu as écrit une page de *Paris Match.*

Je lis, dans *Paris Match*, au sujet du livre : « Pathos larmoyant d'apitoiement nombriliste. »

Tu avais offert à Howard la photographie des *Jumelles identiques.* La photo est restée cachée, à l'abri des regards, dans un tiroir, pendant des années.

J'espère que personne dans notre entourage professionnel n'aura lu ton livre, entendrai-je quelques jours après l'avoir donné à lire à ma famille.

Des vagues qui reviennent, qui reviennent sans fin.

Tu n'as pas le droit, m'a-t-on dit dans ma famille.

Un écrivain a tous les droits, me répétait Jean-Marc.

Tu n'as pas le droit, m'assenait-on dans ma famille.

Tu as écrit un livre d'amour, m'assurait Jean-Marc.
Tu n'as pas le droit, me hurlait-on dans ma famille.
Si j'avais eu un père, j'aurais rêvé pouvoir lui écrire un texte pareil, me confiait Jean-Marc.
J'ai cru à la fois en la culpabilité et en l'innocence de la photographie.

Des vagues qui reviennent, qui reviennent sans fin.

Au tout début, lorsque tu es encore très jeune, ton regard lumineux, que tu n'as pas encore d'hépatite, que tu es encore mariée et jeune mère, au tout début, tu fais des photographies de mode. Toi et Allan gagnez bien votre vie ainsi. Vos photos de mode ne dérangent personne. Tes premières photos artistiques, elles aussi, ne dérangent personne : tu commences tout juste à chercher.

Au tout début, mes textes de fiction sont bien accueillis. Je gagne enfin ma vie avec mes livres. On me témoigne du respect. Ma famille n'a pas honte de mes livres. J'aurais pu continuer ainsi, en écrivant des romans : « touchants », qui ne dérangent personne. Qui inventent des histoires.

Nous avions été si longtemps tant protégées de la vie, occupant un territoire qui ne nous appartenait pas, que nous ne savions pas faire nôtre. Ce temps-là, pour toujours était perdu. Il y avait une telle urgence à faire de notre vie notre propre royaume, lieu de quête. Que chaque parcelle de vivant en nous sente, éprouve, cherche.

Dans les vagues, dans les vagues, sans plus jamais en sortir.

Pourquoi aurait-il fallu se protéger ?

« Je suis dans un immense et somptueux hôtel au décor tout blanc, l'hôtel est en feu, il va s'effondrer, mais le feu se propage si lentement que les gens peuvent encore circuler librement. Je ne vois pas les flammes mais le manteau de fumée en suspension, en fines volutes surtout près des lumières. C'est terriblement beau. Jc suis pressée et ne pense qu'à une chose : prendre des photos. »

Tu as fait ce rêve à trente-six ans et tu le réécris à la fin de ta vie. Dans ton rêve, tout s'affole et tu te vois traverser des chambres, cherchant ce qu'il faudrait sauver, tu sens non loin la présence de ta grand-mère tandis qu'autour de toi tout le monde s'agite et erre dans tous les sens, tu ne sais pas dans combien de temps tout va s'effondrer mais tu restes là, tu restes là, tu ne penses qu'à une seule chose, photographier, tu es très exaltée à cette idée, pressentant le bonheur terrible que ça va être, mais voilà, tu ne peux pas commencer à prendre la moindre photo, tu ne sais plus où est ton appareil photo ni même si tu as encore de la pellicule, tu te sens seule au milieu de tous ces gens qui un à un disparaissent, comme au ralenti, dans l'hôtel somptueux aux ascenseurs dorés et aux cupidons incrustés dans les plafonds, tu ignores ce qu'il faudrait faire pour eux, pour toi, une seule chose t'obsède alors que tu ne sais pas combien de temps il reste, *Je ressens une grande joie mais je suis inquiète et je n'ai pas l'esprit clair car je ne peux pas commencer à photographier. Toute ma vie est là.*

Je suis dans le jardin de la maison de Nice sur la pelouse état de grande légèreté l'herbe est verte et brillante et je virevolte je porte une longue robe claire je suis en train de danser sur moi-même et de rire doucement lorsque tout à coup j'entends une énorme explosion je n'ai jamais entendu un fracas pareil aussi terrible le bruit provient de l'extérieur de mon corps tout près de moi de l'autre côté du jardin mais à peine l'ai-je entendu qu'il se propage à l'intérieur de moi comme une onde à l'intérieur de mon ventre et de ma poitrine de mes bras de mes mains je ressens la déflagration partout en moi je suis presque soufflée sur place et je crois bien que je suis soufflée mais je réalise que je suis encore là je n'ai pas disparu je suis encore debout sur mes deux jambes écartelée à l'intérieur de moi distendue tandis que ça continue à exploser au-dehors et audedans de moi je me sens au bord de la désintégration et j'attends que ça vienne que la désintégration se produise il n'y a plus rien à faire d'autre qu'attendre la secousse continue à faire éclater mon corps et ça n'en finit pas puis soudain tout est calme à nouveau silencieux effrayant c'est un calme effrayant plus effrayant encore que l'explosion je n'entends plus un bruit nulle part pas même un piaillement d'oiseau il ne reste rien je regarde autour de moi il n'y a plus qu'un énorme trou la terre s'est ouverte et affaissée sur elle-même et tout a coulé dans l'énorme trou la maison et le jardin ont été engloutis les murs en pierre de la maison la pelouse les citronniers les mûriers le grand et vieux cèdre la longue haie tout a disparu dans le trou béant je suis debout à côté du trou je me penche je regarde dedans c'est profond marron c'est de la terre une terre meuble j'ai envie de mettre les mains dedans et de toucher la terre de la pétrir de m'en mettre plein les mains les bras la peau mais j'ai peur de glisser de tomber à mon tour dans le trou je relève les yeux et regarde autour de moi et c'est là que j'aperçois ce que je n'avais pas encore vu tout au fond du jardin une toute petite parcelle verte une toute petite parcelle verte au fond du jardin je ne sais pas comment tout à coup je me retrouve à côté de la parcelle je ne sais pas comment j'ai pu enjamber le trou sans tomber dedans mais je suis maintenant au fond du jardin à côté de ce petit carré vert et je constate qu'il s'agit miraculé intact d'un petit coin de pelouse verte un petit coin de pelouse merveilleusement verte extraordinairement verte l'herbe est belle si douce et si drue à la fois elle se balance dans la lumière dans le silence elle est là elle est là et j'ai envie de la manger j'ai envie de me précipiter à terre et de la manger de la dévorer elle est si appétissante si inespérée sa présence dans ce lieu devenu un trou béant relève du miracle c'est alors que je sors un mètre de ma poche et je me mets à quatre pattes dans l'herbe je mesure avec application le carré de pelouse je progresse lentement à quatre pattes dans ce petit coin de vert je veux savoir exactement combien mesure la parcelle de pelouse verte au millimètre près c'est très important de savoir avec précision combien il reste de pelouse verte je m'applique c'est laborieux c'est difficile c'est épuisant et enfin je me redresse je sens sur mon visage mon air triomphant mon air tellement heureux et je lance à la cantonade dans le profond silence d'une voix forte Tout va très bien ne vous inquiétez pas tout va vraiment très bien c'est parfait 11,4 mètres carrés ont été épargnés c'est parfait je suis vraiment contente tout va bien.

III

Diane Arbus s'est suicidée le 26 juillet 1971 à l'âge de quarante-huit ans. Marvin Israël l'a retrouvée dans sa baignoire, deux jours après sa mort, les faces antérieures des poignets droit et gauche tailladées transversalement. Ses filles Amy et Doon avaient dix-sept et vingt-six ans.

Son amie Carlotta Marshall était rentrée quelques jours plus tôt aux Pays-Bas. Amy faisait un stage d'été dans le Massachusetts, Doon était à Paris, Allan sur un tournage à Santa Fe. Marvin Israël et sa femme passaient le week-end sur Fire Island.

Elle n'a laissé aucune lettre.

J'ai lu de nombreuses fois le rapport du médecin légiste.

J'ai lu de nombreuses fois ces phrases : Rigidité absente. Décoloration *post mortem* vert foncé présente sur le visage, le côté gauche du tronc et la face antérieure des jambes. L'épiderme de la peau s'est détaché par suite de la décomposition. Les cheveux se laissent arracher facilement.

Je regarde une fois encore la photographie de tes vingt-deux ans, Diane, où tu te tenais presque nue dans une chambre et où tout en toi irradiait de lumière. L'hiver est proche, je suis assise à ma table de travail et de ma fenêtre je vois les arbres sans feuillage, le ciel traversé par une clarté jaune. On ne sait pas s'il va neiger ou s'il va faire beau. Tout est incertain, tout est terriblement beau. Tu es là, sur cette photo, vivante, pleine de foi et de ferveur.

Je regarde une fois encore la photographie de tes vingt-deux ans, et je pense à cette phrase de ta fille Amy, lue un jour quelque part et qui s'est fichée en moi comme une épine dans la chair : Il faisait particulièrement chaud, ce mois de juillet. Peut-être, s'il avait fait moins chaud, si cela avait été un autre jour, peut-être maman ne se serait-elle pas suicidée. Et me reviennent tes mots à propos de ton enfance, tu avais sans cesse très chaud et tu étais très fatiguée.

Je regarde une fois encore la photographie de tes vingt-deux ans, à laquelle viennent se superposer comme s'il s'agissait d'un livre intérieur que je parcourrais mentalement dans le même temps, tous les portraits que j'ai de toi et que j'ai tant de fois scrutés : ton visage si clair à vingt-deux ans se dégradant progressivement, passant de la lumière à l'effondrement, tes yeux immenses qui me regardent fixement après quarante ans, peu de temps avant ta mort, tes yeux qui ont perdu tout éclat, tout désir, tes yeux devenus des trous dans un visage maigre et creusé, dans un visage exténué. Combien de fois ai-je regardé ton visage exténué. Chaque fois, j'ai ressenti la même stupeur, puis le même effondrement : ce n'était pas le temps, c'était la vie qui l'avait détruit ainsi, transformant ta beauté solaire en l'expression même de la douleur.

Chaque fois que j'ai entrepris de lire des fragments de ta *Chronologie*, et qu'arrivaient brutalement les dernières lignes, le rapport du médecin légiste, juste après un extrait de lettre que tu envoies à Allan quelques semaines avant ta mort dans lequel tu parles du présent, chaque fois, j'ai repoussé le livre, et je me suis levée. Chaque fois, j'ai pleuré.

Je crois que je ne pleurais pas seulement sur toi. Je pleurais sur toutes celles et ceux qui ont cru toute leur vie en quelque chose, s'y sont consacrés envers et contre tout, et un jour se sont effondrés.

Lorsque je t'ai rencontrée, Diane, j'avais perdu le sens des choses et j'étais dans l'errance et l'effroi de cette errance. Lorsque je t'ai rencontrée, il y avait encore dans ma vie le bonheur de mes enfants, la chaleur de leur peau, leur joie, leur présent, pour le reste il me semblait qu'il n'y avait plus rien. Je pensais que la route de l'écriture était la plus belle de toutes et que s'il me fallait choisir à nouveau, à nouveau je choisirais celle-là, il n'y en avait aucune autre pour moi de possible, j'avais connu tant de joie et tant de vie en écrivant, mais elle était aussi parmi les plus difficiles et maintenant je le savais, je n'avais sans doute pas été assez forte, créer est un combat et chaque bataille gagnée vous laisse un peu plus haut, un peu plus seul, et cette fois peut-être étais-je perdante, j'avais perdu mes forces dans la dernière bataille, j'avais perdu, tout simplement, j'avais dévissé bien trop tôt, en pleine course. Lorsque je t'ai rencontrée, Diane, et que j'ai découvert tes photos dans les deux premières salles du musée du Jeu de paume, en progressant lentement car ce jour-là vois-tu il y avait beaucoup de monde devant et derrière moi qui regardait tes photos, qui peut-être aussi les découvrait, peut-être aussi en était bouleversé, et personne je peux te l'assurer Diane personne ce jour-là ne crachait sur elles, en progressant lentement, découvrant comment ton travail avait évolué, passant de la photo du petit garçon tenant dans la main une grenade en plastique à celle des *Jumelles identiques* puis à la dernière série, celle des malades mentaux qui rient et dansent dans la lumière du soir, j'ai compris au cœur de moi ce que tu avais voulu faire, ton avancée sans honte vers des contrées de plus en plus intérieures, un masque après l'autre tombé, j'ai reconnu sans rien savoir de toi cette quête qui avait été la tienne, puis je suis entrée dans la dernière salle, celle qui rassemblait des éléments biographiques, et là j'ai découvert ce qu'avait été ta vie, d'où tu venais et comment tu t'étais élevée, élevée, élevée sur ton chemin de crête, faisant tomber les uns après les autres tes propres masques à terre, jusqu'à ton suicide, un soir de juillet à l'âge de quarante-huit ans.

Lorsque je t'ai rencontrée, Diane, à peine t'avais-je rencontrée au cœur de mon trou noir que je t'avais reconnue, et je ne cesserais de te reconnaître ensuite, tu étais soudain ma sœur, ma jumelle, mon double, tu étais celle qui avait cherché, sans fard et sans filet, jusqu'à ce que tu tires un jour le rideau, basta, c'était fini, la vie était finie, l'ascension sur le chemin de crête était finie, tu n'en pouvais plus, tu n'en pouvais plus, on t'avait refusé peu de temps auparavant une bourse dont tu avais absolument besoin pour pouvoir t'acheter l'appareil photo dont tu rêvais pour poursuivre ton travail et tu t'épuisais à donner des cours de photographie pour essayer de gagner autrement cet argent puisque cet appareil, il te le fallait, c'était une question de vie ou de mort, il te le fallait, le Harper's Bazar refusait de te défrayer de dépenses que tu avais faites pour eux en Allemagne dans le cadre d'une mission et tu t'humiliais furieuse et en larmes à leur demander de le faire tandis qu'eux calmement te regardaient pleurer sans bouger le petit doigt, prétextant qu'ils t'avaient fait une faveur en t'octroyant cette mission et il a fallu que Marvin intervienne pour qu'enfin tu sois remboursée de ces cent soixante-cinq dollars qui pour eux n'étaient rien mais dont toi tu avais besoin car merde il fallait bien manger, les questions d'argent t'obsédaient, Marvin était là sans être là, Allan était parti vivre définitivement en Californie et bien que cela fasse des années que vous étiez séparés *soudain il n'était vraiment plus là*, la psychiatre qui te suivait depuis quelque temps t'avait laissé un samedi matin très tôt attendre chez elle et alors qu'elle s'était trompée d'heure de rendez-vous et que c'était son fils qui t'avait ouvert la porte elle t'avait renvoyée chez toi sans même s'excuser, te grondant comme si tu étais une enfant de n'avoir pas frappé à sa porte et toi comme si tu étais une enfant tu avais éclaté en sanglots, blessée, épuisée, tu n'en pouvais plus, tu n'en pouvais plus, tout devenait de plus en plus difficile, tu avais des projets plein la tête mais tu étais si fatiguée, les derniers mois tes phrases, amples et pleines d'élan toute ta vie, constellées d'images et de rêves et de poésie, étaient devenues hachées et brèves, brûlées, tu étais en train de perdre ton langage, tu étais en train de perdre ta vie, oh si seulement quelque chose avait été un peu doux, un peu coulant, mais la douceur c'était fini, tu avais traversé tant de frontières, te dépouillant peu à peu de toutes ces misérables petites choses auxquelles on aime se cramponner parce que tout de même c'est plus facile ainsi, tout nu on a trop froid, alors un peu de frou-frou, un peu de concessions, un peu d'hypocrisie, il faut bien se protéger n'est-ce pas, mais toi tu ne t'étais pas protégée, tu avais continué vaillamment, tu n'avais pas faibli, et là où tu te trouvais désormais il ne restait plus beaucoup d'oxygène, il n'y avait plus de famille, plus d'argent, plus beaucoup d'amis, plus beaucoup de soutien, et un soir de juillet le découragement a fini par tout recouvrir, une vague puissante contre laquelle cette fois tu n'as pas pu te dresser, la vague a déferlé sur toi et tu n'as même pas essayé de sauver ta peau, tu as baissé les bras, tu as baissé la tête et tu t'es laissée glisser au fond d'une baignoire.

Quelques mois plus tôt, Diane, tu écrivais à Allan : « J'ai tant à apprendre sur comment vivre. Qu'est-ce que j'ai bien pu faire pendant ces quarante-sept ans ? »

Diane, tout au long d'un automne, d'un hiver, d'un printemps, d'un été, j'ai vécu avec toi, je me suis agrippée à toi, tu m'avais prise dans les bras et tu me portais. Au moment même où tu m'as prise dans les bras, j'étais en train de glisser ailleurs. Depuis le jour où j'avais annoncé un matin d'été à mon père et à ma mère dans le salon jaune de mon enfance que la seule chose que je voulais faire c'était écrire, l'écriture m'avait fait franchir bien des frontières dont on ne revient pas. La publication de mon dernier livre avait déclenché une guerre familiale dont la violence n'avait ressemblé à rien de ce que j'avais jamais connu et mon père me considérait comme un traître, l'écriture m'avait emportée dans son sillon de solitude et d'exclusivité loin du père de mes filles et je vivais seule avec elles, elle m'avait également emportée dans son sillon de vérité loin de tout un monde d'apparences qui n'avait plus aucun sens pour moi, la comptable de la maison d'édition dans laquelle je publiais alors mes livres et que j'avais appelée pour connaître le montant de mes droits d'auteur venait de m'annoncer que je toucherais en tout mille cent euros pour l'année qui venait de s'écouler et comme j'étais restée interdite au téléphone, sentant cette fois la terre s'ouvrir sous mes pieds, pensant avec terreur à mes filles, elle avait laissé échapper un petit rire et j'avais compris qu'entre mon désespoir et son rire il y avait deux mondes qui jamais ne se rejoindraient, en plus de tout ça la mort ces derniers temps avait le doigt sur la gâchette et autour de moi le monde s'était comme vidé de son sang, j'avais aimé et cru être aimée et je m'étais rendu compte un jour comme si on m'avait plongée tout entière dans une barrique d'eau glacée que cela n'avait été rien, j'avais de tels douleurs et engourdissements dans le dos et le bras droit que je ne pouvais plus faire de nattes à mes filles et la première neurologue que j'avais consultée m'avait lancé de derrière son bureau, sans même me proposer de m'asseoir, sur un ton d'exaspération, peu importe que vous n'arriviez plus à faire de nattes à vos filles, oui vous avez perdu en mobilité et oui vous ne sentez plus votre bras droit mais votre IRM ne montre rien de central alors estimez-vous heureuse, vous n'avez qu'à ne plus faire de nattes, et surtout ne portez rien, aucun poids, même léger, et je n'avais rien répondu, j'étais restée debout silencieuse dans son bureau en pensant à mes filles et aux packs de lait et aux cartables et aux touches d'ordinateur et en sortant j'avais éclaté en sanglots comme une enfant de dix ans, et bien plus effrayant que tout ça mais qui sans doute n'en était que la radicale conséquence, depuis de nombreux mois je ne pouvais plus écrire une ligne, les mots s'étaient vidés de leur sens et ne me percutaient plus, je n'avais jamais été autant rongée par le doute, glacée par la peur, je ne pouvais plus faire la seule chose qui depuis des années donnait à ma vie son sens, écrire. Oui, je n'en pouvais plus. Et alors tu es entrée dans ma vie.

Lorsque j'ai appris dans cette dernière salle du musée du Jeu de paume que tu t'étais suicidée, Diane, j'ai senti quelque chose au-dedans de moi lentement s'effondrer. La photographie de tes vingt-deux ans que je venais de découvrir diffusait encore en moi sa lumière et je découvrais qu'un jour, de tant de foi et de ferveur il n'était rien resté. Si intenses qu'elles aient été, elles n'avaient pas été assez fortes pour te sauver. Et j'ai su alors, au plus profond de moi, que l'effondrement que j'éprouvais, c'était l'effroi de regarder en face ce que tu me confirmais. Tu m'avais touchée en plein cœur de ma peur, celle que je ressentais sans la nommer depuis des mois, celle de savoir que la foi et la ferveur, si inébranlables paraissent-elles, peuvent se retrouver pulvérisées. On peut croire en quelque chose, s'y engager de tout son être, pendant des années, mener une quête qui tient de l'ascension en montagne, sur un chemin de plus en plus escarpé, mais continuer à monter, à gravir le chemin, à croire en ce en quoi on croit depuis le début – et brutalement tomber. En un instant, l'ascension se renverse et devient chute.

Il y a une photo de toi que je n'ai pas évoquée encore, elle date de 1956, tu as trente-trois ans, tu es sur Shelter Island avec tes filles, Amy est encore un bébé. Tu es en train de placer sur la tête de Doon une couronne de feuilles, c'est Allan qui vous photographie, vous êtes toutes les trois prises dans un mouvement aérien, vous semblez tournoyer. Tu es très concentrée sur ce geste que tu es en train d'accomplir : poser sur les cheveux de Doon cette couronne de feuilles que vous venez sans doute de confectionner elle et toi. Je te regarde tout absorbée dans tes gestes de mère, il émane de cette photo une très grande douceur. Je me reconnais tant sur cette photo.

Mes filles n'ont encore jamais lu aucun de mes livres en entier mais elles savent, du plus profond d'elles, ce qu'est mon combat avec l'écriture. Elles ont connu mon désespoir, elles ont connu ma joie. Comme toi j'ai vécu seule avec elles, je me suis battue pour elles et elles ont été ma chaleur lorsque tout était froid, si immensément froid.

Je crois que je peux éprouver, à l'aune de la lumière que tu puisais auprès de tes deux filles, la violence de ce soir de juillet, la violence de ce qui a eu raison de toi. J'avais moi-même basculé sur des terres où le désir de vivre et le désir de mourir sont si enchevêtrés que l'on ne sait plus ce qui appartient à l'un, ce qui appartient à l'autre. Et alors tu es entrée dans ma vie, et moi qui ne pouvais plus rien ressentir si ce n'est l'effroi tu m'as soulevée de terre. Tu m'as montré le chemin, me murmurant que je n'étais pas seule, et dans ma nuit profonde un éclat est apparu, de plus en plus intense.

J'ai souvent pensé, au cours de ces derniers mois, lorsque je me promenais dans Paris ou que j'étais dans le métro ou le bus, que tu m'avais donné des yeux pour voir : je regardais les visages de celles et ceux que je croisais, et je voyais et ressentais tant de choses dans leur regard, je percevais des lueurs, des grimaces, des ombres, je percevais l'enfance, la vieillesse, la solitude, je percevais des gouffres, je percevais l'espièglerie, je percevais l'innocence, je voyais ce qu'auparavant, peut-être, je n'aurais pas vu, je voyais surtout combien chacun est unique et cela m'irradiait tout le corps, je trouvais que la vie était belle et vaste, extraordinairement multiple, et je me disais que c'était toi qui m'avais ouvert les yeux, je voyais plus grand désormais, je voyais plus vrai. Je me surprenais aussi à penser parfois qu'en voyant chacun, chacun tel qu'il était, je voyais de nouveau le présent, car au lieu de me promener sans rien voir du monde autour de moi, tout absorbée dans ma désespérance, je levais les yeux vers le dehors et le dehors m'atteignait.

Et tous les vendredis lorsque je retrouvais les malades psychiatriques, les fous comme eux-mêmes parfois dans un bref rire se nommaient, et qu'ensemble nous écrivions, il me semblait que quarante-deux ans après toi je composais une série qui faisait écho à la tienne, des hommes et des femmes vacillant de douleurs mais irradiant eux aussi une lumière et une liberté surgies de l'intérieur et qui m'enveloppaient tout entière, et je me sentais si bien avec eux, il n'était plus question de frontières, il n'était plus question de qui est normal et qui ne l'est pas, nous étions simplement là vivants et si bien ensemble, un jour nous avons disposé les chaises en rond puis nous nous sommes assis et nous avons fait semblant de nous envoyer chacun à tour de rôle quelque chose, ce quelque chose nous l'inventions, c'était un quelque chose parfois très précieux, parfois très drôle, parfois très léger, parfois très lourd, parfois très joyeux, parfois très douloureux, c'était la vie qui se jouait là et que nous nous envoyions à tour de rôle, choisissant celui à qui nous la destinions, et celui-là chaque fois s'efforçait de la recevoir pour ce qu'elle était avant de la relancer, autre, à l'un de nous, et je nous regardais formant cette ronde et je pensais à toi et à la lumière étrange, si douce du soir dans laquelle tu as photographié les malades de cet asile quelques mois avant de mourir, Diane, tu étais là, je savais que tu nous regardais.

Tu es entrée dans ma vie et j'ai retrouvé ce qui au cœur de moi s'était dissous. Lentement, je me suis recomposée. Je me suis redressée.

C'était hier que j'étais cet enfant enfermée dans sa chambre et errant sans fin dans l'appartement du

Trocadéro. C'était hier, et aujourd'hui j'écris ce livre, l'hiver est presque là et j'ai eu quarante ans. Les vies sont si brèves et les œuvres sombrent dans l'oubli. Un jour, moi non plus je ne serai plus là et mes livres auront disparu. Tout ce pour quoi je me serai battue aura disparu.

Ce chemin que tu m'as montré pendant tous ces mois, c'est une route vers la lumière, je le sais à présent. C'est toi qui m'as donné ce livre, moi qui ai eu peur de ne plus en écrire. Tu m'as tant habitée, et on n'écrit que sur ce qui nous obsède. Au fil des pages je sentais combien la vie me reprenait, je ressentais l'afflux du sang dans mon corps, l'afflux du désir, et depuis quelques semaines vois-tu je ressens même de la joie, je ressens ce que je ressentais à vingt-deux ans lorsque j'écrivais mon premier livre dans ma toute petite chambre et que je découvrais un monde, oui depuis quelques semaines j'ai cette même sensation de m'envoler en écrivant, et rien ne peut se comparer à cette joie, sans doute n'a-t-elle plus le même éclat qu'avant, le même éclat pur et virginal, lorsqu'on revient de la nuit le noir des ténèbres continue à luire dans la lumière et je n'oublierai rien de ce noir, il fait désormais partie de ma joie, il la compose, et peut-être en est-elle même devenue plus belle ainsi, plus moirée, oui, peut-être précisément parce que j'ai connu un temps ce monde sans lumière, jamais je n'ai autant ressenti le bonheur de faire aujourd'hui partie du monde des vivants, jamais je n'ai autant ressenti le bonheur d'écrire.

We stand on a precipice, then before a chasm, and as we wait it becomes higher, wider, deeper, but I am crazy enough to think it doesn't matter which way we leap because when we leap we will have learned to fly. Nous nous tenons au-dessus d'un précipice, au bord de l'abîme, et alors que nous attendons l'abîme se fait de plus en plus grand, de plus en plus large, de plus en plus profond, mais je suis assez folle pour penser que peu importe de quel côté nous sautons, lorsque nous sauterons nous serons capables de voler.

La vie t'a donné tort, Diane : ce soir de juillet 1971, tu es restée écrasée au sol. Personne ne saura jamais à quoi a ressemblé pour toi cet instant où tout s'est renversé, où l'ascension est devenue chute. Mais je veux croire qu'au moment où tu as abdiqué, tu savais que tu avais gravi le bon chemin. Il n'y avait désormais plus d'oxygène pour gravir la montagne mais tu savais que depuis toutes ces années tu ne t'étais pas trompée de route, tu avais suivi la tienne, celle qui t'appartenait.

Diane, tu as desserré ton étreinte et tu m'as reposée au sol, je l'ai senti tandis que j'écrivais ces dernières pages. Je suis à nouveau debout. Sous mes pieds désormais ce n'est plus le vide mais la terre ferme, autour de moi mes filles, G., des corps, des visages, des arbres, je peux les toucher, je peux m'y cogner, je peux à nouveau éprouver partout autour de moi, m'enveloppant et moi dedans, une masse sombre et mouvante qu'on appelle le réel. Les mots sont revenus, pleins de sève.

Je sens ta présence encore, oui tu es là encore, tout près, tu me regardes immobile et tu me laisses m'éloigner de toi, reprendre ma route.

Je me souviens comme si c'était hier de ce jour d'été, j'ai neuf ans, je marche à côté de ma mère dans les rues de Paris. Je marche à côté de ma mère et je sens, oh je sens la texture de l'air, il me semble que je pourrais la toucher, je sens les odeurs de l'été, l'odeur des feuilles, l'odeur des fleurs, l'odeur de la vie. Je sens ma peau, je sens mon corps, je sens l'espace entre mon corps et celui de ma mère. Ma mère alors ne mourra jamais. Tout est chaud, et lourd, et entêtant.

Je ne savais pas que cette expérience de mes neuf ans, je la réitérerais trois décennies plus tard, à l'orée de mes quarante ans.

C'est hier, c'est aujourd'hui.

Nous sommes en décembre, j'ai quarante ans et j'écris les dernières phrases de ce livre. Je sors d'une longue nuit compacte. J'ouvre la fenêtre et je sens sur ma peau la texture de l'air, la froidure de l'hiver, sa beauté glaçante. Oh je sens, je sens. Sans que je comprenne comment, le temps a passé et les morts font désormais partie de ma vie, je sais aujourd'hui ce que je ne savais pas à neuf ans : que rien ni personne n'est éternel, que les nuits peuvent vous engloutir entièrement, je sais aussi que je suis vivante.

Sources

Les citations présentes entre guillemets ou en italique dans le livre sont extraites de :

Diane Arbus, Doon Arbus, Marvin Israel, *Diane Arbus, An Aperture Monograph*, Aperture, New York, 1972 / *Diane Arbus*, traduction de Patti Hill, La Martinière et le Jeu de paume, 2011, pour les citations p. 20, 90, 91[1] et 161[2].

Diane Arbus, Elisabeth Sussman, Doon Arbus, *Diane Arbus, A Chronology*, Aperture, New York, 2011 / *Diane Arbus, Une chronologie*, traduction de Jean-François Allain, La Martinière, 2011, pour les citations p. 35, 38, 41, 91[3], 117, 118, 124, 125, 128, 135, 152, 161[4], 162 et 179.

Doon Arbus, *Diane Arbus, Revelations*, Random House, New York, 2003 / extraits traduits par Laurence Tardieu, pour les citations p. 166 et 186.

---

1. « Je n'ai jamais peur [...] être vulnérable » et « La chose importante [...] jamais rien. »
2. « Il m'a toujours [...] fiction. »
3. « presque [...] émerveillement » et « Chaque [...] vie. »
4. « On me considérait [...] que les autres. »

Un immense merci à Alix Penent.

Cet ouvrage a été imprimé
en mai 2014 par

CPI
FIRMIN-DIDOT

27650 Mesnil-sur-l'Estrée
N° d'édition : L.01ELJN000606.N001
N° d'impression : 122495
Dépôt légal : août 2014

Imprimé en France

Cet ouvrage a été mis en page par IGS-CP
à L'Isle-d'Espagnac (16)